テクノロジーで
人と組織の可能性を追求する

機能《きのう》拡張《かくちょう》

UNLOCKING
THE POTENTIAL OF PEOPLE
AND ORGANIZATIONS

坂田幸樹《さかたこうき》
KOHKI SAKATA

CROSSMEDIA PUBLISHING

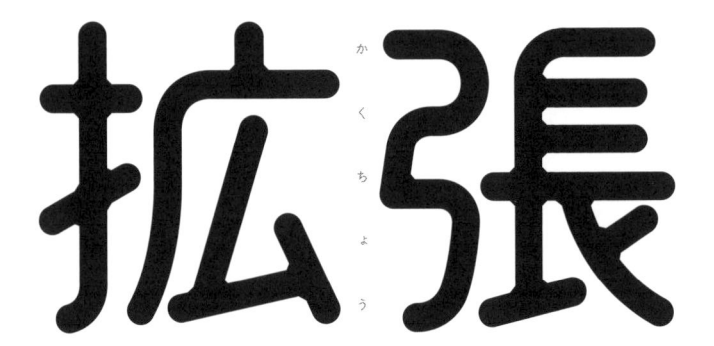

はじめに

■なぜいま、機能拡張なのか？

「生成ＡＩの本に載っていたプロンプト集を使うことで業務は効率化したが、新たな価値を生んでいる気がしない」

「外部研修で教わった新規事業開発のフレームワークを使ってみたが、新たなアイデアは生まれなかった」

「外部の経営コンサルタントに高額なフィーを支払って戦略策定してもらったが、何一つ実現しなかった」

仕事をする中で、このような経験をしたことはないだろうか。

生成ＡＩやフレームワーク、経営コンサルタントなどは、人間や組織がもともと持っている機能を拡張してくれるが、それ単体で価値を生むことはない。あくまで大切なのは、拡張される側の人間や組織なのである。

本書のテーマは「機能拡張」である。**機能拡張とは、すでにある技術やサービスを利用することで、人や組織が持つ機能を拡張することである。**

私たちはこれまで多くの機能拡張を経験し、発展を遂げてきた。たとえば、自動車ができたことで、それまでよりも速く移動できるようになった。また、インターネットができたことで情報共有の速度が圧倒的に速まった。

機能拡張は人間のみならず、組織のあらゆる変革もサポートしてきた。たとえば、Google は YouTube や Android など多数のサービスを買収したことで巨大化している。また欧米企業の多くでは、古くより経営コンサルタントなどが社内に常駐し、組織の機能拡張をサポートしている。

私はこれまでに経営コンサルタントとして、多くの経営者や組織の機能拡張を支援してきた。外部のアドバイザーとして経営者の戦略策定を支援することもあれば、自ら経営メンバーとして参画することで実行の支援をすることもある。あるいは、スタートアップと連携したり、競合を買収したりすることによる機能拡張の支援も実施してきた。

これらの経験を通して言えることは、**成功している経営者や組織ほど、機能拡張が得意だということである。**

なぜいま、機能拡張が大切なのかというと、グローバル化の後にデジタル革命が起きたことによって、利用できる資源が圧倒的に増えたからである。

スマホが普及したことによってライドシェアが誕生し、他人が運転する自動車で移動することができるようになった。自動車を所有していなくても、運転技術を有していなくても、機能拡張できる好例である。

地球の裏側にいるデザイナーにデザインを依頼すれば、寝ている間にデザイン制作を完成させてくれるようになった。オンラインでのコミュニケーションツールも発達したため、国を越えた機能拡張もはるかにしやすくなっている。

■生成AIこそが機能拡張のカギを握る

イノベーションというと、「創造的破壊」や「ディスラプション」といったキーワードとセットで語られることが多いが、世の中の多くのイノベーションはすでに存在しているものを結合させることで生まれる。**そして、世界中のあらゆる情報を組み合わせて「異結合」を生むことができる生成AIは、人間の脳の機能拡張をサポートし、イノベーションを起こすためのカギを握っている。**

生成ＡＩは「ＡＩの民主化」ともいわれ、自然言語で話しかければ精度の高いアウトプットを返してくれる。しかし、実際に生成ＡＩを使ってイノベーションを起こすためには、人間側が変化をしなくてはいけない。

本書では、どのような能力を人間が身につける必要があるのかを解説したのちに、それらの能力を身につけるための方法も具体的に示している。ただし、本書は「今日から使えるプロンプト集」を紹介するようなハウツー本ではない。

■本書の構成

序章では、機能拡張とは何なのか、そしてこれまでの機能拡張の変遷について解説する。また、近年起きつつあるデジタル技術を活用した機能拡張についても触れる。

第1章では、生成ＡＩの出現によって仕事がどのように変わるかについて考察する。また、生成ＡＩを活用した機能拡張を実現するために必要な「一般教養」と「一般常識」についても解説する。

続く第2章では、現代式詰め込み教育によって一般教養を身につける方法、第3章では、経験に基づいた一般常識を身につける方法について解説する。

第4章では、一般教養と一般常識を習得するための基礎能力である「言語化能力」の重要性の高まりについて考える。

第5章では、一般教養と一般常識、言語化能力を高めるためのトレーニングである「思考実験」についての具体的な方法を紹介する。

そして、終章では本書の学びを活かして機能拡張を実装するための具体的な方法について解説する。

本書が、機能拡張によって、皆さん自身の個性を再表現するきっかけとなれば幸いである。

2024年1月

坂田幸樹

機能拡張　もくじ

第1章

なぜ、生成AIを使っても結果につながらないのか？

第2章 現代式詰め込み教育によって一般教養を身につける

第3章 経験に基づいた一般常識を身につける

第4章 思考をサポートするための言語化能力を身につける

第5章 思考実験を習慣化する

終章 機能拡張を実装する

序章

なぜいま、機能拡張なのか？

1 世の中は機能拡張でできている

■一人の人間の能力には限界がある

人間はこれまでに数々の超人的な記録を生み出してきた。

２００９年８月16日、ウサイン・ボルト氏は１００M走において９秒58という驚異的な記録をたたき出した。１９６８年10月14日にジム・ハインズ氏が人類史上初めて10秒を切ってから実に41年後の記録である。

原口證氏は２００６年に円周率10万桁の暗唱に成功している。１９９７年の定年退社後に円周率の暗記を開始したというから驚きだ。

それ以外にも、人間の能力を最大限活用することで驚異的な記録を生み出した人たちは無数に存在する。それらの人たちの類まれなる才能と人並外れた努力には敬服するし、勇気づけられる。

では、それら能力が唯一無二の価値を生むのかというと、そのようなことはない。移動するだけであれば自動車のほうが速く走れるし、2GBのSDカードには20億文字以上を記憶することができる。

要は、一人の人間の能力には限界があるのである。いくら人間がトレーニングを積んでも、100Mを5秒で走れるようにはならないし、図書館の本をすべて暗記することもできない。

本書のテーマは「機能拡張」である。**機能拡張とは「すでにある技術やサービスを利用することで、人や組織が持つ機能を拡張すること」である。**

■馬車が生まれたことで人間は速く移動できるようになった

これまでの人類の歴史ではさまざまな技術が開発され、それに伴って人間の機能拡張が繰り返し起きてきた。

たとえば、紀元前4000年ともいわれる大昔に馬車が生まれたことで、人間は速く移動できるようになった。そして、都市から都市への移動のみならず、戦争や農業のあり方にまで影響を与えた。つまり、馬車によって人間の「移動する」という機能が拡張されることとなった。

また、その後1769年ころに自動車が発明されたことによって、より速く、快適に移動することが可能になった。これも馬車同様、人間の機能拡張ととらえることができる。では、これらの発明によって、どのような変化が生じたのであろうか。供給側と需要側でそれぞれ考えてみよう。

供給側で言うと、馬車が発明されたことで馬車を製造するという仕事が生まれることになった。また、馬を飼育したり、馬車を操縦する御者を育成したりする仕事も生まれた。その後、自動車が誕生したことによって、自動車を製造するという一大産業が生まれ、自動車の整備や運転手を育成する仕事が生まれた。

ここで重要なのは、自動車が誕生したことによって、ある日突然馬車の御者の仕事がなくなったりはしないことである。自動車が長い時間をかけて普及することで、相対的に馬車に対する需要が低下し、馬車の御者の給与が低下するのである。

需要側ではどうだろうか。馬車ができたことで人や物を速く、快適に移動できるようになった。また、それが自動車に置き換えられたことで、さらに速く、さらに快適に移動できるようになった。

たとえば、東京から大阪まで商談に行くのに馬車で3日かかっていたとしよう。それが自動車を使えば1日で移動できるようになれば、2日の時間的余裕が生まれる。その分、商談の準備を入念に行ったり、他の商談を組み込めるようになったりするかもしれない。

このように、馬車や自動車が生まれたことによって何が起きたかというと、移動するという本来人間が持ち合わせている機能が拡張されたのである。そのことによって、人間が使える時間が増えて、新たな付加価値を生み出せるようになったということである。

■インターネットが生まれたことで人間は速く情報伝達できるようになった

馬車や自動車が人間や物の物理的な移動速度を向上させたのに対して、インターネットは情報伝達の速度を向上させた。

情報伝達の手段にはさまざまある。人間同士が物理的に会って口頭で伝達することもできるし、書面を郵送するという手段もある。そして、その手段を飛躍的に増やして利便性を高めたのがインターネットである。

インターネットの登場によって、ＥメールやＳＮＳで情報を伝達することが可能になった。また、コロナ禍で一気に普及したオンライン会議も、インターネットがあったからこそ実現した。メディアも日々変化を続けていて、文字情報から画像、動画、音声などのコンテンツが乱立している。

では、これらの変化によってもたらされたものはなんだろうか。組織内で行われる会議を例に考えてみよう。

毎週月曜日に全国の支社長を集めた営業会議を東京で実施している会社があったとする。そこで営業本部長から共有された情報を支社長が各支社に持ち帰って、火曜日に支社内で共有していたとする。これをＥメールのＣＣ機能で代替すれば、営業本部長からの情報は月曜日の時点で全国に共有可能だ。

この結果、全国の支社長が東京に移動する必要はなくなる。また、火曜日を待たずとも、月曜日の時点で全員が営業本部長からの情報を共有されていることになり、指示がこれまでよりも早く実行されることになる。

もちろん、対面の営業会議で議論をすることで生まれる価値は存在する。ここで重要なのは、インターネットが生まれて、さまざまな通信手段が普及したことによって、人間の情報伝達という機能が拡張されたという点である。単なる情報伝達はEメールやチャットで済ませて、より付加価値の高い仕事に時間を割り当てることが可能になった。

2 機能拡張できないと世界で取り残される

■グーグルは機能拡張で巨大化した

機能拡張は、何も人間に限った話ではない。たとえば、ＧＡＦＡＭの一角であるGoogle社は、代表的なものだけでも次のサービスを買収によって手に入れている。

- Android：モバイルオペレーティングシステム（２００５年）
- YouTube：動画共有プラットフォーム（２００６年）
- DoubleClick：デジタル広告プラットフォーム（２００７年）

- Zagat：レストランレビューサービス（２０１１年）
- Waze：交通情報とナビゲーションアプリ（２０１３年）
- Nest Labs：スマートホームテクノロジー（２０１４年）
- DeepMind Technologies：人工知能研究企業（２０１４年）
- Fitbit：フィットネストラッカー及びウェアラブルデバイスメーカー（２０２１年）

もちろん、優れた検索エンジンを生み出したからこそ今日のGoogleが存在しているというのは紛れもない事実だが、その後の拡大は機能拡張によるところが大きい。

かつてAppleがiPodを発売したときに、複数の日本企業幹部から「Appleは、自社でiPodを製造しているわけではない。うちの会社は単独でiPodをつくる技術を持っている」という声を聞いた。

事実、そうなのだろう。しかし、それはユーザにとってはどうでもいい話である。世界中から優れた技術を結集させたAppleも、機能拡張が得意だ。

■欧米の組織は機能拡張でできている

私は20年近く前に米国企業に勤めていたことがある。そのときに驚いたのは、その会社の多くの部署に、外部メンバーが常駐していたことである。経営コンサルタントやプログラマーなどが、正社員と同じようにその会社の名刺やメールアドレスを持って仕事をしていた。

今でこそ日本でも経営コンサルタントによるハンズオン支援が一般化し、経営コンサルタントが社員のように常駐することも珍しくはないが、２０００年初頭からあらゆる分野の専門家を自社の社員と同等に扱う米国企業には驚かされた。

また最近の欧米企業では、ある部門全員が外部メンバーだということも珍しくはない。これは元来組織がモジュール化されていて、社員一人一人のジョブディスクリプションが明確な欧米企業ならではの特色といえるだろう。まさに、組織の機能拡張といえるのではないだろうか。

組織が機能拡張できるようになれば、経営コンサルタントなどの外部アドバイザーの利用のみならず、異業種の企業や大学、スタートアップとの提携による機能拡張もできるようになる。

欧米の大学教授の多くは経営コンサルティング会社や投資会社を自ら経営して、大企業やスタートアップを支援している。日本でもこのような動きは少しずつ出てきているが、機能拡張のためにはさらなる拡大が期待される。

■新興国のパパママショップも機能拡張している

組織が機能拡張しているのは、何も大企業に限った話ではない。私が住んでいる東南アジアでは、次ページの写真のようなパパママショップ（個人経営の商店）でさえも機能拡張している。

たとえば、人口2・7億人のインドネシアには350万店舗のパパママショップがあるといわれていて、消費者にとって重要な生活基盤となっている。パパママショップは近くの問屋で商品を仕入れて、近隣の消費者に販売することを生業としてきた。

これらパパママショップの機能拡張をしたのがゴジェックに代表されるスタートアップ

である。消費者はゴジェックのアプリを使えばわざわざ出向かなくても、家にいながら、パパママショップから消費財や食事を購入することができる。パパママショップ側から見ると、何も行動変容をしていないのに、多くの消費者にリーチできるようになった。

また、ブリブリミトラ（BlibliMitra）やシンバッド（Sinbad）といったスタートアップは、パパママショップが使うアプリを提供している。パパママショップはそのアプリを使えば近くの問屋から買わなくても、オンラインでより安価で多様な商品を発注して配達を受けることができる。

パパママショップ自身が出前のための社員

を雇わなくても、複数の問屋と直接交渉しなくても、より多くの消費者に、より多くの商品を販売できるようになったのである。これもまさに、組織の機能拡張といえる。

3 これからの機能拡張のカギを握るのが生成ＡＩである

■デジタル革命によって誰でも容易に機能拡張できるようになった

なぜ、これまで以上に機能拡張が重要になってきたかというと、グローバル化の後にデジタル革命が起きたからである。

輸送技術やインターネット技術の発展はグローバル化をもたらした。グローバル化によって、モノだけでなくヒト、カネ、情報といった資源がボーダレスに取引されるようになった。

その後、デジタル革命が起きたことでヒト、モノ、カネ、情報といった資源が取引されるだけにとどまらず、共有される時代が訪れた。

たとえば、日本でも話題になっているライドシェアが誕生したことによって、移動するための自動車とドライバーをすぐに見つけられるようになった。また、クラウドワークスを使えば、多数のデザイナーから提案をもらって、気に入ったデザインをつくることができる。さらに、電気自動車のパーツのモジュール化が進んだことで、スタートアップでも電気自動車を製造できるようになった。

デジタル革命が起きたことで、これまで以上に広い範囲で、誰でも容易に機能拡張できる時代が訪れたのである。

■もう「飲みニケーション」では売れない

古い慣習を引きずっていることを揶揄する言葉として「昭和」は使われてきたが、それも終焉を迎えつつある。そして、この流れはコロナ禍を経て一気に加速した。

たとえば、昭和の営業スタイルの1つとして「飲みニケーション」は大切なコミュニケーション手法だった。顧客側が十分な商品知識を有していない場合、飲みニケーションで関係性を構築してから、顧客ニーズを聞き出して要件を定義することには大きな価値があった。そして、要件が多少あいまいな場合も、飲みニケーションで関係性を築いた「○○さん」からならば、と買ってもらうことができた。

しかし、デジタル革命によって顧客側が十分な商品知識を持ったり、商品そのものがモジュール化されたりしたことにより、営業担当者が「○○さん」である必要性はなくなった。商品自体のコモディティ化が進めば、「わが社に詳しい○○さん」の価値は相対的に低下する。

たとえば、経営コンサルタントは「高級文房具」や「高級派遣業」といわれるようになったが、それは経営コンサルタント自体のレベルが低下したわけではなく、クライアント側にMBAホルダーや元経営コンサルタントがいることで、経営コンサルタントに頼らなくても要件定義ができるようになったことに起因する。要は、経営コンサルティング業界でもコモディティ化が進んだのである。

遅ればせながら日本にも機能拡張の波が押し寄せているのであれば、日本が飛躍する機会が訪れているともいえる。**そして、そのカギを握るのが2022年末から一世を風靡し**

ているる生成ＡＩなのである。

本章では、これまでに起きてきた人間や組織の機能拡張について解説した。そして、デジタル革命が起きたことによって機能拡張がより一層身近なものとなりつつある。そのカギを握っている生成ＡＩだが、プロンプティングのようなハウツーを身につけるだけでは好機を逃してしまうことになる。次章では、生成ＡＩを使った機能拡張とは何なのかについて、詳しく考えてみよう。

序章

まとめ

- 歴史を振り返ると、自動車やインターネットなどの技術によって、人間は機能拡張を繰り返してきた。

- 人間のみならず、組織も買収や提携、外部サービスを利用することで機能拡張することができる。

- デジタル革命が起きたことで、誰でも容易にデジタル技術による機能拡張ができるようになりつつある。

- その中でも、近年一世を風靡している生成ＡＩの活用こそが、日本が飛躍するためのカギとなる。

第１章

なぜ、生成ＡＩを使っても結果につながらないのか？

1 「人間 対 生成ＡＩ」という間違った問いの設定

■「人間 対 生成ＡＩ」という問いに挑んでも何も生まれない

本章では、生成ＡＩによってどのような変化がもたらされるのか、機能拡張して他者と差別化していくために身につけるべき能力について解説する。

２０２２年末からＣｈａｔＧＰＴに代表される生成ＡＩが注目を浴び、さまざまな議論を巻き起こしている。２０２３年12月17日時点で、生成ＡＩ関連の書籍は日本語だけでも２６８冊出版されており、プロンプティングを教える講座なども次々開講されている。

そうした中で特に多い議論が、「人間 対 生成ＡＩ」というものである。確かに、ＣｈａｔＧＰＴに日本語で話しかけるとちゃんとした日本語で回答してくれて、あたかも生成ＡＩという人格が存在しているかのような錯覚に陥るのは理解できる。

そして、生成ＡＩによって失われる仕事には翻訳家やライターなどが挙げられるという類の記事もよく目にするようになった。では、本当にそのようなことがあるのだろうか。結論からいうと、仕事自体がなくなることはほとんどない。一方で、仕事の価値が相対的に低下することはある。

１９９５年にLos Angeles Timesが提示した、今後10年で失われる仕事の一覧が左記である。

- 秘書
- 銀行の窓口係
- コールセンター
- 受付係
- 中間管理職

・図書館員
・卸売業者
・専門医
・農場経営者
・新聞配達

これらのうち、30年近く経った現時点で実際に失われたものは1つもない。一部の業務が自動化されたり、給与が下がったりしていても、これらの仕事はすべてちゃんと残っているのである。

また、2014年には米国の著名な未来学者のトーマス・フレイ氏が、弁護士や会計士などの士業は人工知能によって2030年までに消える可能性があると言っていた。しか

図 1-1　弁護士の申告所得別人数分布

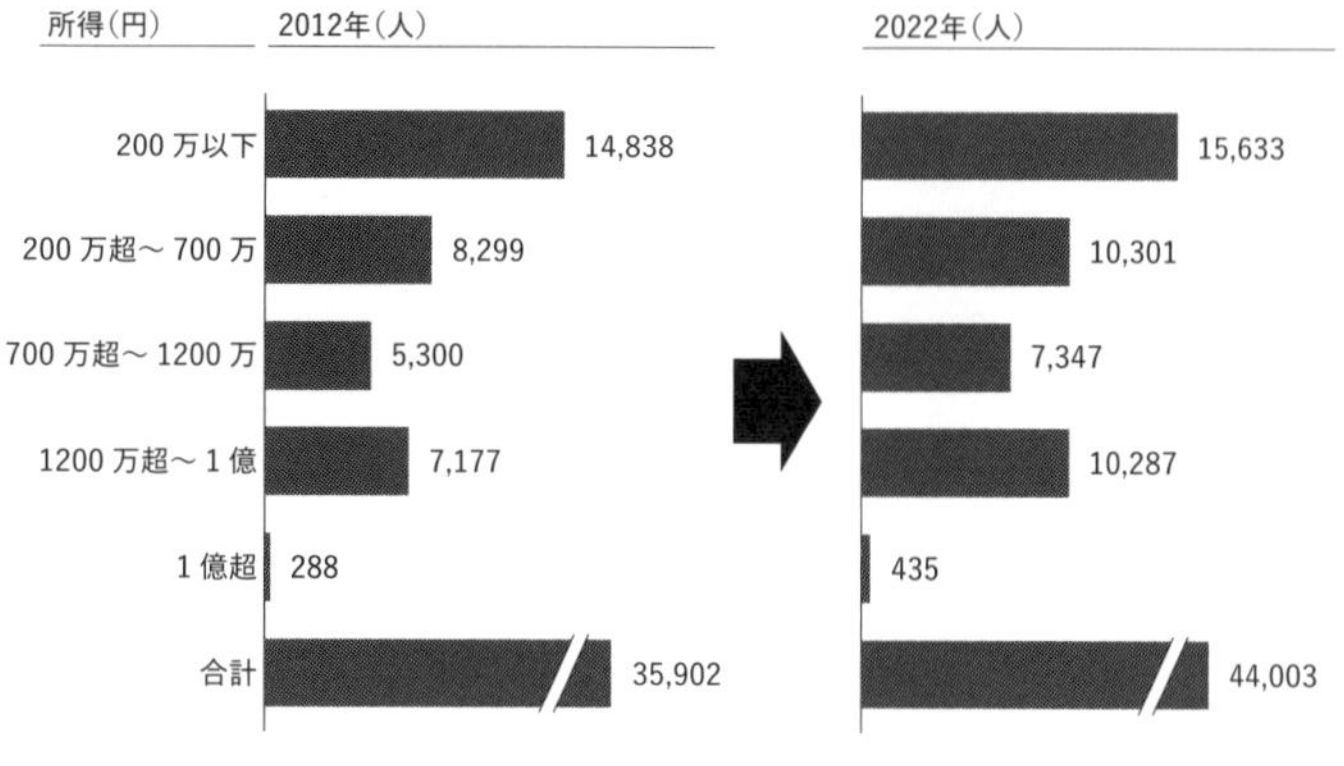

出所：国税庁

し、実際はどうだろうか。右ページ図に示したとおり、国税庁統計年報によると日本では弁護士の総数が８１０１人増加した。また、内訳を見ると申告所得１億円以上の弁護士が10年間で２８８人から４３５人に増加している。一方で、その間に申告所得２００万円以下の弁護士も７９５人増えている。

これらの事実からいえることは何だろうか。

１つは、仕事自体がなくなることはほとんどないということである。一方で、技術の発展や移民などで労働力の供給量が増えれば供給過多になり、仕事の価値が相対的に低下する。

もう１つは、「会計士」や「弁護士」といったように仕事とひとくくりにいっても、多くの要素に分解されるということである。たとえば、弁護士であれば過去の判例を調べたり契約書をドラフトしたりする仕事と、現在の法令に照らして買収のストラクチャーを考えたり売り手との交渉戦略を考えたりする仕事とでは大きくその性質が異なる。確かに前者は生成ＡＩによって代替されるかもしれないが、後者は変数が多く生成ＡＩによる代替が難しい領域なのではないか。

■二項対立型の議論には不毛なものが多い

世の中には二項対立型の議論が多く、それらの多くには不毛なものが多い。たとえば、「詰め込み教育とゆとり教育のどちらがよいか」、「移民を受け入れるべきか否か」などである。確かにこれらの二項対立型の議論は、メディアが視聴率を上げたり、為政者が主張を単純化したりするためには適した立案なのだろう。

しかし、現実の問題は複雑で、白か黒かといった結論を簡単に出すことはできない。たとえば、詰め込み教育かゆとり教育かというのはそもそも対立概念になっていない。もちろん、「週の学習時間〇時間まではゆとり教育」「円周率を3とするのがゆとり教育」のように個別に定義することはできるが、時代が迅速に変化して、生徒ごとの特性も異なる中で、全体にとって最適な唯一解を探そうとすること自体に無理がある。

それよりも、次図のように不登校の生徒数が増え続けている実態を受けて、すべての生徒に同じ教育を与える現行の教育システムのあり方自体を見直したほうが、はるかに生産的だろう。今ではパーソナライズしたオンライン学習もできるし、人間の教師とソフトウェアを併用したほうが高い学習効果を見込むことができる。

なお、私が１９８０年代に幼少期を過ごした米国の小学校では、算数が得意な生徒は授業に参加せずにパソコンでプログラミングを練習していた。また、理科の実験は全員に異なるお題が与えられ、全員がそれぞれに仮説を立てて検証をしていた。

このような話をすると、日本の教育はダメで、米国の教育は素晴らしいという議論になることがあるが、これこそが二項対立病の弊害である。個々人に合わせた教育を提供している米国では個性が育ちやすいのかもしれないが、一方で学力の国際比較をしているＰＩ

図 1-2　1000人当たり不登校児童数の推移

（単位：人）

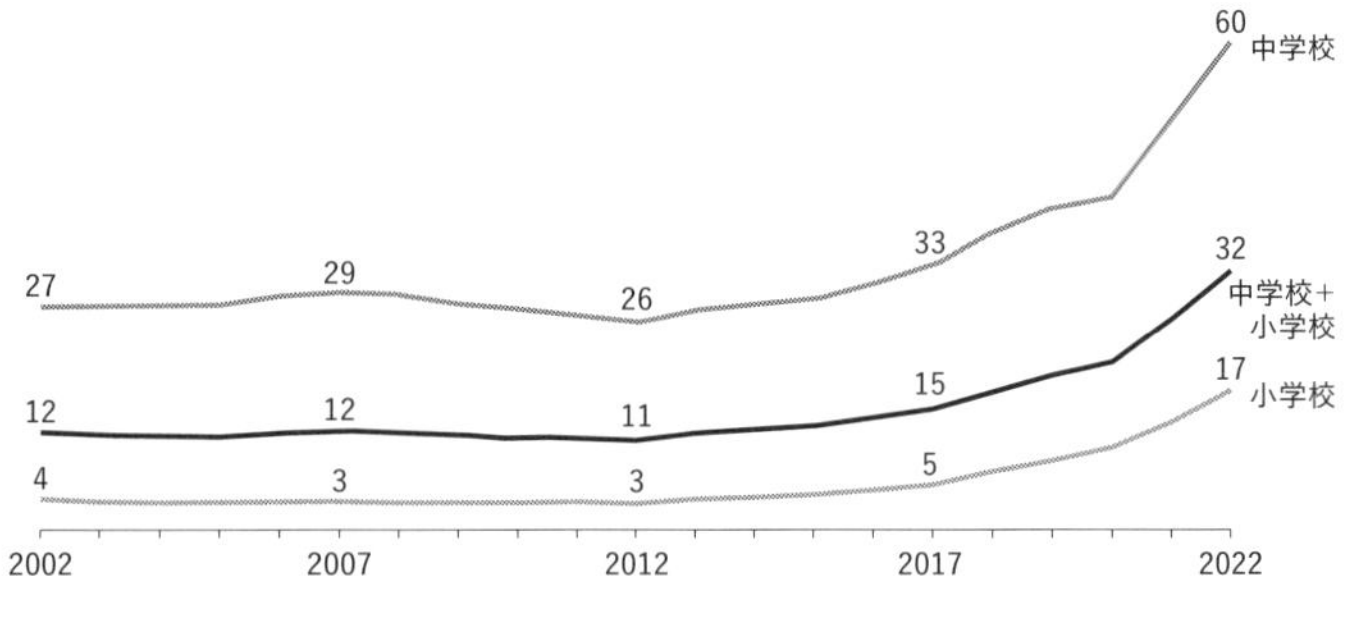

出所：文部科学省

ＳＡ調査を見ると、日本の教育が劣っているわけではないことが分かる。

日本の教育にも米国の教育にも、それぞれ強みと弱みがあるので、それを正確に理解した上で議論を展開しなければ不毛なものになってしまう。私自身、日本の公立学校で義務教育も受けたが、先生も生徒も多様性に富んでおり、詰め込み教育の一言では片づけられないはるかに多くの学びを得ることができた。

■新しい技術によって相対的にどのような変化が生まれるかを考える

前述のとおり、生成ＡＩのような新しい技術が生まれると、「人間対生成ＡＩ」や「生成ＡＩによって失われる30の仕事」のような極端な議論が巻き起こる。また、それらの延長として「人間は構想力で勝負すべき」「人間性を磨くことが大事になる」といった議論を聞くことも多いが、そう言われたところで次のアクションにつながらないという意味においては、これらの議論も不毛である。

それよりも、新しい技術によって相対的にどのような変化が生まれるかを考えることが大切なのである。具体的な事例として、藤井聡太八冠の出現によって脚光を浴びている将棋界におけるＡＩの影響を考えてみよう。将棋や囲碁はルールが明確に定められていて、偶然の要素による影響がほとんどないことから、ビジネス界よりもはるかにＡＩの活用が進んでいる。

将棋についての知識がない読者のために簡単に説明すると、将棋というのは９×９の81マス上で、それぞれ20枚の駒を使って２人が戦うボードゲームである。20枚の駒には王将から歩兵まで８つの異なる役割機能が与えられていて、先手後手が交互に指して、相手の王将を詰ました（取った）ほうが勝ちとなる。チェスとの大きな違いは、相手から取った駒を自分の駒として使えることである。

将棋の対局は序盤、中盤、終盤に分かれている。序盤ではお互いに駒組みといって陣形を整え、中盤で戦いが始まる。終盤では相手の王将をできるだけ速く詰ますことを目指す。序盤の戦い方を戦法に落とし込んだものを定跡といい、有利に進めるための部分的なパターンを手筋という。そして対局で指された手を順番に記録したものを棋譜と呼ぶ。また、終盤で相手の王将を詰ます練習をするために詰将棋というパズルがある。

ここでは、将棋ＡＩの進化フェーズによって、人間側にどのような変化が起きたかを考えてみたい。大きくは、以下の３つのフェーズで整理できる。

- フェーズ１：人間のほうが圧倒的に強く、人間がソフトウェアをプログラミングしていた
- フェーズ２：ディープラーニングによってソフトウェアが一気に強くなり、将棋ＡＩと呼ばれ始めた
- フェーズ３：自動生成された棋譜が一定の規模になり、人間は全く勝てなくなった

フェーズ１では、ファミコンやパソコン向けの将棋ソフトが出現した。物理的な対戦相手を見つけなくてもソフトウェアを相手に将棋を指せるということは画期的だったが、その強さはフェーズ１の終わりでもせいぜいアマチュア２－３段くらいだった。この時代には、将棋の強い人間がさまざまな手筋や定跡をソフトウェアにプログラミングしていた。アマチュア高段者には歯が立たなかったが、唯一解の存在する詰将棋ではプロ以上の速度で解答できるようにまで進化した。

フェーズ２ではディープラーニングによって一気に視界が開けた。ＡＩが自主学習をすることができるようになり、プロともいい勝負をするようになった。プロ対ＡＩといった対局イベントも開催され、一部のプロが研究にＡＩを取り入れるようになった。２０１７年に佐藤天彦名人（当時）が将棋ＡＩに敗れたことによって、フェーズ２は終焉した。

フェーズ３ではＡＩ同士が対局して生成された棋譜の量が一定量を超え、それによって学習したＡＩは人間では太刀打ちできないレベルに達した。ある局面において先手と後手がどの程度優勢かという形勢を示す評価値や、ＡＩが考える候補手の精度が高まったことによって、多くのプロにとってＡＩは研究に必要不可欠なものとなった。特に、序盤にどの戦法を選ぶかという、本来人間の構想力が問われる領域においてＡＩが最も使われているというのは特筆すべき点である。

フェーズ３でもう１つ注目すべき点は、自分では将棋を指さないけれども、対局を観ることを楽しむ「観る将」という新たなファン層を生んだことである。プロ同士の対戦は拮抗することが多いため、プロであってもどちらが優勢なのか判断するのは容易ではない。しかし、評価値が表示され始めたことで、野球やサッカーの試合を観るように、どちらが優勢かを一目で判断できるようになった。また、候補手通りにプロが指すかどうかを観るという、新たな楽しみ方も生まれた。

このように、AIが進化したことによって、人間側が変化していることがわかる。AIは、フェーズ1の時代には人間よりも速く詰将棋が解けるという特性を使って、ある終盤の局面が詰むのか詰まないのかを判断するために使われていた。しかし、次第にフェーズ2、3と進展するにつれて、唯一解の存在しない序盤や中盤での構想を立てるために使われるようになった。そして、そのことによってプロのレベルが向上して、将棋界全体の発展にもつながっている。

もちろん、ルールが明確に定まっていて偶然の要素が少ない将棋と、環境が刻一刻と変化しているビジネスでは状況は異なる。ただ、ここで重要なのは、**AIの進歩によって人間の「機能拡張」が起きているということである。**

2 生成ＡＩは人間の脳の「機能拡張」である

■生成ＡＩによって人間の脳が拡張する

本書のテーマである生成ＡＩについて考えてみよう。次節以降でさらに詳しく解説するが、生成ＡＩも馬車やインターネットと同じように人間の機能を拡張させている。何を拡張しているかというと、人間の脳である。

生成ＡＩ自体に関する書籍はすでに多数出版されているので、本書では生成ＡＩ自体の説明は簡潔にしよう。生成ＡＩの機能は大きくいうと、置き換え、要約、拡張の３つである。

まず置き換えだが、これは英語の文章を日本語に翻訳するような機能である。人間による命令を基に、日本語や英語といった自然言語からプログラミング言語への置き換えも可能である。

次に要約だが、これは長文を読みこませて１００文字に要約するような機能である。長い論文の要旨をつかみたいときには非常に便利な機能である。

最後の拡張は要約の逆で、５つの箇条書きを与えて２０００文字の記事を書いてもらうような機能である。

そして、この３つの機能は文字情報のみならず、画像や音声にも対応している。たとえば、新商品を提案するためのプレゼン資料を作成することを想定してみよう。次のようなポイントを生成ＡＩに指示すれば、プレゼン資料があっという間にできあがる。さらに、プレゼン内容に合わせた音楽を作成してもらうこともできる。

- 新商品の発表に合わせたプレゼン資料と音楽を作成してほしい
- 新商品は「小学生が1年間で英語を流ちょうに話せるようになるスマホアプリ」
- 聞き手は小学生の子どもをもつ保護者

・売り込みたいポイントは、月額１０００円の低価格で、英語学習が習慣化できること

このようなプレゼン資料がまたたく間に完成するというのは画期的ではないだろうか。そして、完成した資料に対して修正点をコメントすれば、生成ＡＩは嫌がることなく何度でも納得がいくまで修正してくれる。

もし人間が同じものを作成するのに要する期間が３日間だとすれば、空いた時間を別のことに有効活用することができる。まさに、人間の脳の機能拡張である。

3 ビジネスにおいて拡大するサイエンス

■スキルは「アート」「サイエンス」「クラフト」に分けられる

カナダのマギル大学デソーテル経営大学院のヘンリー・ミンツバーグ教授は著書の『Managers Not MBAs: A Hard Look at the Soft Practice of Managing and Management Development（2005）』の中で、ビジネスにおけるスキルをアート、サイエンス、クラフトの3つに分けて解説している。

アートとは言葉のとおりセンスのようなもので、直感や感覚などを指す。動物的な嗅覚でビジネスチャンスを見出す人はアート面に長けているのではないか。ビジネススクールの科目では、戦略やリーダーシップなどはアートの要素が強いと考えられる。

サイエンスは再現性の高いもので、「Aを入力したらBになる」という論理で説明がつきやすいものを指す。会計や財務などの科目は、サイエンスの要素が強いと考えられる。

クラフトは実務で身につけられるものが多く、業界や会社に固有なものも含まれる。強いて当てはめると、オペレーションのような実務寄りの科目がクラフトにあたる。

ここで重要なのは、どのスキルが特に優れているということではなく、ビジネスを成功させるためには、アートもサイエンスもクラフトもすべて必要だということである。

単純化して解説すると、下図のように事業

図 1-3　事業ステージごとに求められるスキル

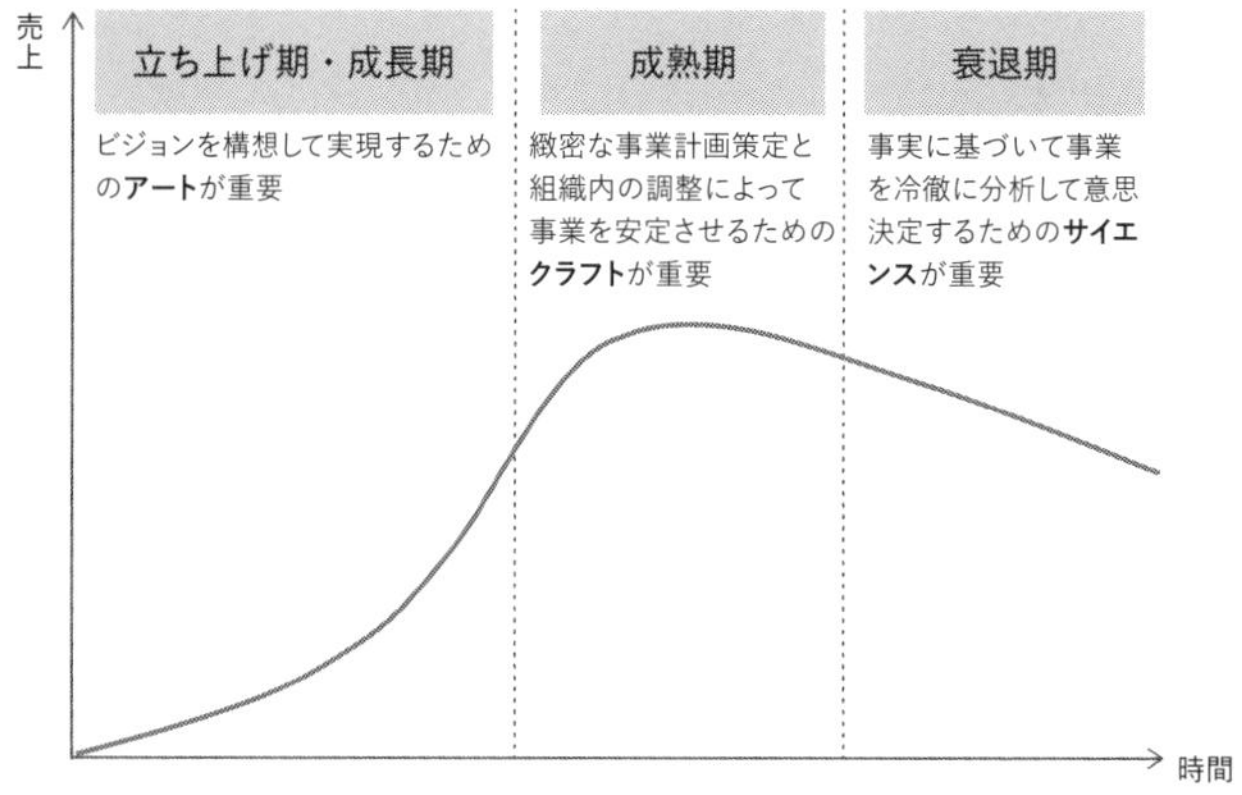

の局面によって必要とされるスキルは異なる。

たとえば、事業の立ち上げ期には壮大なビジョンを描くアートが強く求められる。次に、事業が軌道に乗って成熟してきたら、安定して運営するためのクラフトが求められる。そして、事業が衰退期に入ってきたときには、事実に基づいて冷徹な意思決定をするためのサイエンスが重要だ。

当然だが、事業の立ち上げ期に資金繰りに詰まることもあり、その際にはサイエンスの冷徹な目が必要になる。また、衰退した事業をピボットするためには、アートが必要になることもある。

また、人が一人でできることには限りがあるので、個人で身につけられないスキルはパートナーと補い合う必要がある。そして、その強力なパートナーとして出現したのが生成ＡＩなのである。

■経営コンサルティングが虚業だと言われる理由

経営コンサルティングという職業は虚業だと批判されることがある。このような論調だ。

「経営の経験がない経営コンサルタントのアドバイスは有効なはずがない」

確かに、経営の経験がない経営コンサルタントに会社経営ができるかといわれれば、それはわからない。一方で、スキルにはアート、サイエンス、クラフトがある。

このうちのサイエンスは、こうすれば絶対に成功するという成功法則ではないが、普遍的な「一般解」なのである。戦略とはどこまで突き詰めても仮説の域を出ることはないが、一般解によって仮説の精度を高めることは可能である。実際にやってみないとわからないからこそ、一般解を正しく理解した上で、戦略を構築することが重要なのである。

逆に、どの会社にも当てはまるといってソリューションを売っていたり、個人的な経験のみに基づいてアドバイスをしたりしている経営コンサルタントこそ虚業であり、信頼には値しない。

なお、私が共同経営する経営共創基盤（ＩＧＰＩ）では経営コンサルティング事業以外にも、グローバルに多数の投資や事業経営を実施しており、それらの経験に基づいて抽象化した一般解を有している。

たとえば、シンガポールを拠点とし、経営コンサルタントとして活動している私は、このような経営の現地化に関する相談を受けることがある。

- シンガポールでの事業承継の観点から、現地経営人材に経営を任せたい。どうやって候補者を探せばいいのだろうか。
- 一度現地経営人材に経営を任せたのだが、日本本社のやり方に合わず辞めてしまった。どうすれば現地経営人材に、日本のやり方をわかってもらえるのだろうか。
- 買収した現地企業に送り込んだ日本人社長の力量不足で、現地人材が定着しなかった。現地企業を経営できる人材は、どのように育成すればいいのだろうか。

これらの問いには一見違和感はないが、残念ながら問いの設定自体が間違っていると言わざるを得ない。正しい問いは「自社の事業特性に鑑みたときに、何を現地化すべきか」というものになる。

要は、右記3つの問いは「手段（Ｈｏｗ）」を問うものであり、「目的（Ｗｈｙ）」や「対象（Ｗｈａｔ）」を問うものになっていないことに問題がある。そして、「目的（Ｗｈｙ）」や「対象（Ｗｈａｔ）」を問うときには、経営コンサルタントが有しているサイエンスが有効に作用する。

現地化の話でいうと、成功している企業は、自社の事業や機能の特性タイプを分析・把握してからマネジメント体制を設計している。自社のタイプを診断するにはさまざまな手法があるが、ここでは多様性マトリックス（次ページの図）を使用した手法を紹介しよう。

多様性マトリックスとは、C．K．プラハラードとイブL．ドーズが提唱するＩ－Ｒフレームワークを発展させる形で整理したフレームワークである。縦軸はコスト面の話で、規模拡大や多角化によって利益率を向上できるか、横軸は売上面の話で、ローカライズによって付加価値を向上させることができるかを表す。

たとえば、システムインテグレーター（ＳＩ）企業は、個別最適追求型に分類される。ＳＩは基本的には労働集約的な事業のため、規模の経済が見込みづらいビジネスである。その一方で、現地企業の個別ニーズを把握してカスタマイズしたソリューションを提供することで、付加価値を向上させることが可能である。

このような企業の方向性は、拠点ごとに現地化した上で、拠点ごとの収益性向上を目指すことになる。そのためのマネジメント手法としては、戦略的意思決定及びオペレーションの権限を拠点長に委譲し、本社は管理面の統合やサポートに回るべきである。つまり、経営の現地化を積極的に進めなくてはならない企業ということになる。たとえば、買収したSI企業に現地事情に明るくない日本人社長を送り込んでも、うまくいく確率は低いということだ。

また、たとえば耐久消費財メーカーなど、規模の経済が働き、ローカライズによる付加価値向上性が低い全体最適追求型の特性を持つ企業がやみくもに経営の現地化を目指すこ

図 1-4　多様性マトリックス

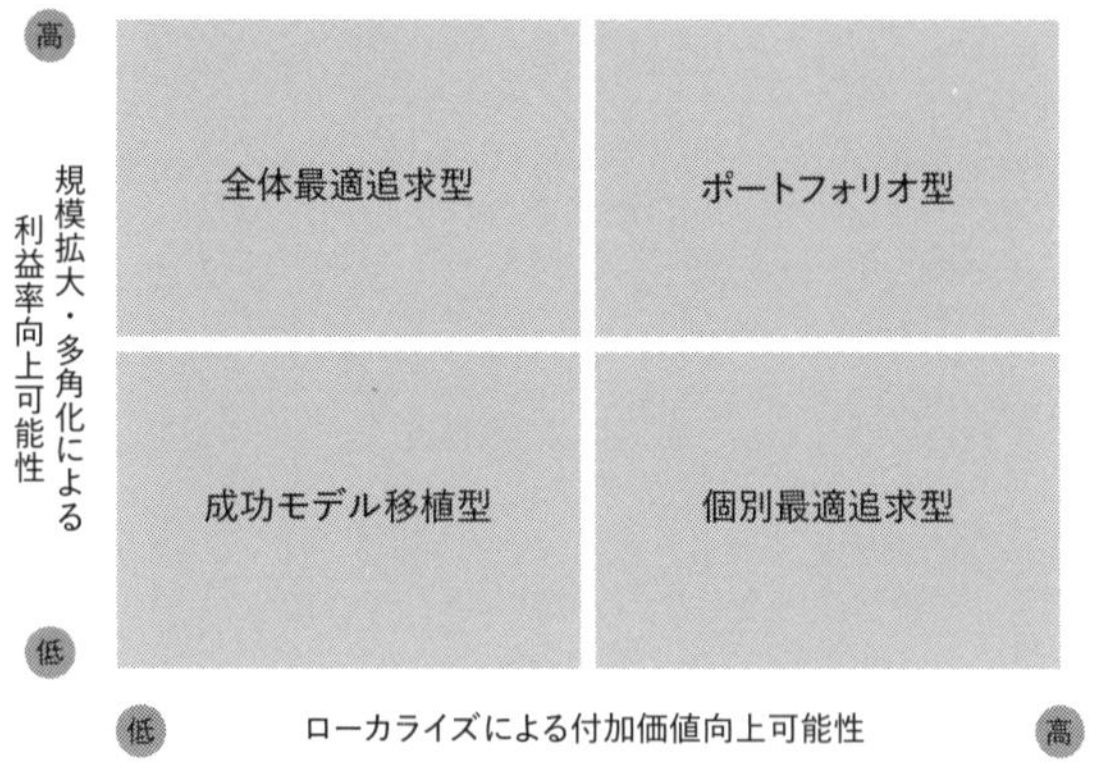

とは、目指す方向性自体が間違っているということになる。

このように、自社の事業特性をしっかりと理解した上で「目的（Ｗｈｙ）」や「対象（Ｗｈａｔ）」を追求する正しい問いの設定を行うことが、事業を成功させるためのカギとなる。これがサイエンス領域で経営コンサルタントを使う意義であり、使うことで機能拡張を実現することができる。

ここでは説明のしやすさを重視して、単純化した企業単位の話をしたが、ＩＧＰＩが支援する際には、バリューチェーンの機能ごとに事業を分解して、方向性とマネジメント手法を検討している。また、ここで紹介したのはあくまで一般解であり、実際は企業ごとの組織ケイパビリティに合わせて検討及び導入の支援をしている。

■アートやクラフトに侵食するサイエンス

現実のビジネスは、偶然の要素がほとんどない将棋や囲碁とは異なり、すべてがサイエンスになることはありえない。**ただ、ビジネスの解像度を高めることでアートやクラフトの領域にまでサイエンスが侵食することは可能だ。**

たとえば、『寿司修行3カ月でミシュランに載った理由』で有名になった「鮨 千陽」をご存知だろうか。「鮨 千陽」は短期実践の調理スクール「飲食人大学」の卒業生と生徒で運営されている。

一般的に寿司業界では「シャリ炊き3年、あわせ5年、握り一生」といわれ、一人前になるには最低10年といわれている。まさにベールに包まれたアートやクラフトの世界である。しかし、そのベールをはがしてサイエンスにしたのが「鮨 千陽」の功績である。

顧客満足度を高めるための市場での魚の目利き、仕入れ、業者との関係性の構築など、顧客が何に価値を感じているのかを分析した上で、ビジネスをサイエンスとして運営しているといえる。

このような現象は多くのビジネスにおいて起きている。

私が駆け出しのコンサルタントだった20年前には、今のようなデータベースや分析ツールは存在していなかった。ある企業の財務分析をして、競合他社と比較しようとすると、まず有価証券報告書を探してからエクセルに入力する必要があった。データ入力がすべて終わって初めて財務モデルなどを作成して、分析作業に移ることができた。それが今ではスピーダやキャピタルＩＱなどのデータベースを開けばボタン１つで分析が完了する。

この結果何が起きたかというと、誰でも短期間でより多くのデータを使って分析することができ、より有意な示唆を出すことができるようになった。戦略はどこまで突き詰めても仮説だといったが、仮説の精度を高めることは可能であるし、戦略策定の時間を短縮できれば、より早く実践に移すことができる。

なお、寿司修行や経営コンサルタントの下積みに全く意味がないというつもりはない。私自身、自分でエクセルを駆使して分析した結果身についた能力もあるとは思う。一方で、有価証券報告書を探して手入力をする工程からは、あまり得るものはなかった。

大事なのは、「寿司職人」や「経営コンサルタント」と仕事をひとくくりに整理するのではなく、仕事の解像度を上げて、必要な能力を体系的に整理することである。これから先、われわれ人間の機能拡張をするためのツールは生成ＡＩによってたくさん生み出されるだろう。**しかし、それらツールから価値を生み出せるかどうかは、使う側がそれに合わせて能力を変化できるかどうかにかかっている。**

4 どんな仕事も5つのプロセスに分けられる

■すべての起点となる問いの設定

どのような仕事も「問いの設定」「インプット」「変換」「アウトプット」「判断」の5つに分けることができる。その中でも特に大切なのが、すべての起点となる「問いの設定」である。間違った問いや、あいまいな問いを設定してしまうと、当然であるがその後のプロセスすべてが影響を受けることになる。

次のような例を考えてみよう。

（上司Ａ）「競合Ｘ社について、できるだけ早く調べておいてもらえる？」

（上司Ｂ）「新商品Ｙの導入を検討したいと思っているのだけど、初期的な検討を進めたいから、競合Ｘ社の商品ラインナップと対象顧客、価格帯をＡ４一枚くらいで、明日中にまとめておいてもらえる？」

上司Ａの指示を受けたら、何を思うだろうか。指示の背景を詳しく知っていれば別だが、そうでないとすれば大いに混乱するのではないだろうか。競合Ｘ社について調べるにしても、沿革を知りたいのか、株価を知りたいのか、採用状況を知りたいのか、財務状況を知りたいのか、目的によって調査内容は大きく異なる。

それに対して、上司Ｂの指示は調査目的が新商品Ｙの導入検討だという点がはっきりしている。アウトプットの形態や期限も明確になっているので、すぐに動き出すことができるだろう。もし不安な点があれば、上司にアウトプットの項目名を事前に確認してから調査に取り掛かれば、無駄な手戻りの発生を防ぐことができる。

■インターネットによって劇的に進化したインプット

問いの設定ができたら、それを解くために情報を収集するプロセスに進む。情報には1次情報と2次情報の2種類があり、次のように整理できる。

- **1次情報：最初に観察または収集された情報で、直接的な証拠やデータを示す**
- **2次情報：既存の1次情報をまとめ、解釈、分析、または再構築した情報**

インターネットが誕生したことによって、1次情報も2次情報も簡単に入手できるようになった。

前述のとおり、私が経営コンサルタントになった20年前は、企業の詳細な財務情報を取得するには紙の有価証券報告書を入手する必要があった。調査レポートや論文、書籍なども電子化されていないものが多かったので、調査機関や図書館などに行って入手する必要があった。

一方現代では、たとえばアンケート調査も、紙のアンケートを回収してパソコンに入力しなくても、マクロミルなどの調査会社に依頼すれば、世界中の消費者にウェブアンケートを回答してもらい、短期間で集計までしてもらうことができる。ときには自ら街頭に立って消費者に声をかけ、紙のアンケートに回答してもらっていた私からすると隔世の感がある。

■生成ＡＩが得意とする変換

情報を取得したら、それを意味のある形に変換する必要がある。変換には置き換え、要約、拡張の3種類がある。**そして、生成ＡＩの誕生によって変換の品質と速度が劇的に高まった**。

たとえば、日本語で執筆した2000文字のレポートをヘブライ語に翻訳する必要があったらどうだろう。翻訳家を探すだけで一苦労ではないだろうか。その翻訳家に依頼して翻訳文が完成したとしても、当然費用もかかるし、その後日本語に微修正を加えた場合に修正してもらうにも手間がかかる。これを生成ＡＩは、一瞬でやってのける。

また、身近で起きた出来事を基に、アガサ・クリスティーと江戸川乱歩の作風を混ぜた推理小説を書くことも、生成ＡＩを使えばできてしまう。さらに、ロバート・ハインラインの作風も混ぜてＳＦの要素を取り入れることも簡単にできる。

ビジネスに応用すると、自社が保有しているすべての知的財産を基に特定の社会問題を解決する方法を考えてもらうことができる。異業種の他社と知的財産を共有すれば、異業種の知見を活かした解決策を考えることもできる。

もちろん人間でも、一定程度はこのようなことができることは否定しない。ただ、これを瞬時にやり切ってしまう生成ＡＩにはかなうはずもない。ある砂場の砂をすべて覚えた人がいたとしても、世界中の砂浜の砂を知っている生成ＡＩにはかなわない。

■テクノロジーの進化とともに変化してきたアウトプット

変換した情報をアウトプットする方法は多様である。表現形態で整理すると、動画、画像、文章、音声のように整理できる。そして、これらはテクノロジーの進化とともに変化してきた。

ビジネスにおけるプレゼンテーションの方法で考えてみると、パソコンが普及する前は文字や図形を、透明なプラスチックフィルムに書いたり印刷したりし、それを専用のオーバーヘッドプロジェクター（ＯＨＰ）にセットしてスクリーンに投影していた。

その後、ＯＨＰに代わってデジタルプロジェクターが登場した。これにより、フルカラーの画像や動画を表示することができ、ＯＨＰよりも視覚的に高度なプレゼンテーションが可能になった。

そして、パワーポイントなどのプレゼンテーションソフトウェアがデジタルプロジェクターと組み合わせて使用され、スライドショー形式で情報を表示できるからと広く使用されるようになった。これらのソフトウェアを使えば、テキスト、画像、グラフ、動画などを組み合わせてプレゼンテーションを作成できる。

現在は、これにZoomなどのウェブ会議が加わり、スクリーンに投影するだけでなく、画面を共有することも一般的になった。

私はかつてある国際的なファッションデザイナーの支援をしていたことがある。ある日彼に、どのようにしてデザインを考えるのか聞いたところ、次のような回答が返ってきた。

「青山やニューヨーク、パリなどの都市を行き来していると世の中の変化が見えてくる。そこで感じたものを抽象化して紙の上に表現しているんだよ」

同じように、作家や編集者は、世の中で感じたものを自らのフィルタを通して文章という形で表現する。映画監督はそれを映像という形で表現し、音楽家は音で表現する。

生成AIは、用途に合わせてさまざまなアウトプットの形態に対応している。これまでアウトプットの形態によってすみ分けされていた専門家の垣根が取り払われたともいえる。

■デジタルだけで判断することはできない

最後のプロセスは「アウトプット結果に対して、どのように判断するか」である。

たとえば、友人の結婚を祝うためのレストランとして3つの候補が提示されて、どのレストランを選ぶかというような判断である。あるいは、その中で満足のいくレストランがなければ、問いを修正して新たな候補を出してもらう必要がある。

ここでのポイントは、デジタルな情報を基にしたアウトプットに対して、我々人間がどう判断するかである。立地や価格帯、料理のジャンルなどのデジタル化できる情報は重要な判断基準である。しかし、それには限界があることを理解していないと、意味のある判断はできない。

それは、将棋などのゲームと異なり、現実世界の変数は無数にあるからである。予約したレストランが友人の行きつけのお店かもしれないし、予約した前日に別の人達と行くことになっているお店かもしれない。当日に友人夫婦の体調がすぐれないかもしれないし、大雨が降っているかもしれない。判断に使用する変数を増やすことはできるが、すべてを網羅することは難しい。

最終的な判断を下すのは人間で、その際はアナログに頼らざるを得ない。多くのものがデジタル化されている現代だからこそ「今ある情報を基に考えるともっともらしいが、人間的な感覚からはずれている」「嫌な予感がするから今回はやめておこう」といった**人間の経験に基づいたアナログな感覚も重要になる**。

5 問いの設定と判断は自分でやるしかない

■問いの設定と判断で他者と差別化する

ここまでの話を整理すると次ページの図のようになる。
インプット、変換、アウトプットが生成AIによって代替されることで、問いの設定と判断の価値が相対的に高まるのである。

日本の弁護士の所得分布が2極化していることはすでに述べたとおりだが、この傾向は海外でも同様のようだ。2023年6月22日のウォールストリートジャーナルの記事によると、ウォール街のスーパー弁護士の年間報酬は１５００万米ドル（約22・５億円）を超えるというから驚きだ。

私なりの解釈はこうだ。弁護士の仕事を整理すると、顧客の法的な悩みを解決するための問いを立て、それに合わせて法律や過去の判例を調査（インプット）し、法的な解釈を加え（変換）、採るべき行動のオプションを提示（アウトプット）し、最後に顧客が判断をするという流れになる。

これらのうち、ジュニア弁護士やパラリーガルが実施するインプット、変換、アウトプットなどの領域は生成ＡＩが最も得意とするところである。そうすると、人間の弁護士に残されるのは、どれだけ優れた問いを立て

図 1-5　仕事の価値の変化

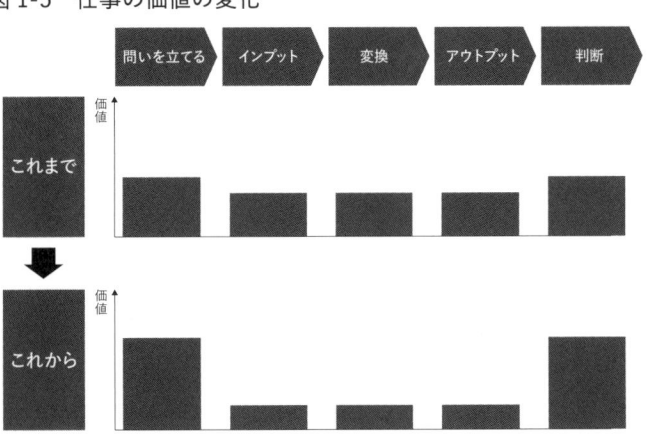

られるかどうかと、アウトプットに間違いがないかを確認した上で、顧客が最適な判断をする手助けをするというプロセスになる。その結果として、経験を有するスーパー弁護士の相対的な価値が一気に高まったのだろう。

なお、２０２３年に、生成ＡＩが作成した実在しない判例を引用した弁護士が問題となっている。この問題を引き合いに出して、ハルシネーション（ＡＩが事実に基づかない虚偽の情報を生成する現象）を起こす生成ＡＩは使えないというのは乱暴な議論である。なぜならば、Perplexityのように出所を出してくれる生成ＡＩを使ったり、挙げられた判例を自ら再確認したりすれば済むからである。これは、人間の部下が出してきた資料を１００％鵜呑みにして、問題が発生したらはしごを外すダメ上司と何ら変わらない。

■Ｔ字型人間は横棒をつくってから、縦棒をつくる時代へ

では、問いの設定と判断をする技術を高めるためにはどうすればいいのだろうか。そのために必要なのは「現代式詰め込み教育で一般教養」と「経験に基づいた一般常識」を身につけることである。

それらの解説に入る前に、これから先に求められる人材像について考えてみよう。「Ｔ字型人間」という言葉を聞いたことがあるだろうか。広く浅い知識や経験を横棒、狭く深い知識や経験を縦棒で表現し、その両方を持つことが重要だという意味である。たとえば、私が社会人になった20年前には、領域は戦略でもマーケティングでもなんでもいいので、まずは何かに特化してマネジャーを目指すように言われた。その後、他の領域に関する広く浅い知識を身につけたほうがいいと。つまり、縦棒をつくってから横棒、という順番である。

数ある選択肢の中で、私は管理会計を中心に知識や経験を得ることを選択した。特に理由があったわけではなく、初めてアサインされたプロジェクトのテーマが管理会計だったのである。その後、複数の管理会計のプロジェクトに従事した私は、クライアントであった米国企業の管理会計部門に入社し、米国公認会計士の勉強もして、さらに経験や知識を深めることでマネジャーへと昇進した。

すると、管理会計以外にも企業年金の運用やキャッシュフローの管理、グローバルでのＩＴシステムの導入プロジェクトのメンバーに選ばれるようになった。世界中に知り合いができ、日本製品の引き合いが強かったことから、その後輸出事業も立ち上げた。このようにして、T字の横棒が少しずつ広がっていった。

なぜ、T字の縦棒を先に構築する必要があったかというと、特定の領域で専門性を身につけなければ、意思決定をする立場であるマネジャーに昇格することができなかったからである。そして、特定の領域で専門性を身につけてマネジャーに上がるには最低でも3年くらいはかかった。

それに対して現代は、幅広い知識や経験を身につけて横棒をつくってから、縦棒をつくるほうが理にかなっている。

なぜならば、さまざまな知識の体系化が進んだことによって、知識の習得が容易になったためである。ビジネススクールが典型だが、1年や2年といった短期間で、戦略論からマーケティング、財務から人的資源管理まで幅広い知識を習得することができる。ケーススタディやシミュレーションツールなども充実しているため、かつてとは比べ物にならないほどの速度で実践的な知識を習得できる。

そして、インターネットができたことによって、最新の知識を容易に検索できるようになった。あらゆる知識を記憶していなくても、必要に応じて検索すれば良いため、ビジネススクールのカリキュラムも知識偏重型からプロジェクトやインターンシップによる実践知の習得へと変化しつつある。

そもそもビジネス現場で発生する課題は、戦略やマーケティング、会計や法務などのように体系的に出現することはない。

たとえば、企業買収を進める際には、戦略的な意味合いを見出した上で、適正な価格で買収するための財務知識が必要となる。株式譲渡契約書や株主間契約書を作成するためには法律知識が必要だ。人的資源管理やＩＴシステムの知識を有していなければ、買収後統合計画を策定することができない。

ＩＧＰＩに新卒で入社すると、会計、財務、法務、戦略など、経営に必要な幅広い知識を最初に身につける。それから、各メンバーはスタートアップ投資や企業再生、大企業の組織改革などのプロジェクトにアサインされることで実践知を身につけていく。専門知識が必要なときだけ、会計士や弁護士にアウトソーシングすることで機能拡張しているのだ。

そして、この流れを加速させているのが生成ＡＩである。生成ＡＩを使えば単なる知識の検索にとどまらず、利用者の置かれている状況に合わせてアウトプットすることができる。いちいち高額な費用をかけて専門家を招聘しなくても、必要な情報を必要な形ですぐに抽出できる。

では、横棒だけあればいいのかというと、そのようなことはない。なぜならば、インプット、変換、アウトプットのプロセスは、誰でもすぐに生成ＡＩによってサポートしてもらえる。つまり、一気にコモディティ化が進むのである。

コモディティ化を避けて他者と差別化するためには、何らかの専門性を持った上で問いを立てて、判断する能力を身につける必要があるのだ。

■現代式詰め込み教育による一般教養と経験に基づいた一般常識を身につける

問いの設定力と判断力を身につけるために必要なのは、ズバリ「現代式詰め込み教育による一般教養」と「経験に基づいた一般常識」ということになる。この２つの違いを一言で言うと、次ページの図に整理したように、**教科書に載っているものと載っていないもの、**

あるいは形式知化されているものといないものということになる。

物理学であれば、Ｅ＝mc^2、あるいはＦ＝maのような法則が存在している。これらは、いつ誰が実験しても、同じ結果が得られる。

一方でビジネスにおいてはそのようなことはない。三井住友銀行で成功した施策が三菱ＵＦＪ銀行でも成功する保証はないし、隣の部署の〇〇部長の真似をして行った施策によって、社員の大量離職が発生するかもしれない。

なぜならば、ビジネスで全く同じ環境を再現することは不可能で、いつ誰が実験しても同じ結果が得られる法則は存在しないからで

図 1-6　一般教養と一般常識

一般教養	一般常識
・教科書に載っている	・教科書に載っていない
・形式知化されている	・形式知化されていない
・誰が教えても同じ内容	・教える人によって内容が異なる
・文書から学ぶことができる	・経験から学ぶことができる
・時代を経ても変化しない	・時代とともに変化する

ある。そのため、私たちは教科書に載っている一般教養に加えて、実際の経験に基づいた一般常識を身につける必要があるのだ。

前述のとおり、世界のビジネススクールでは戦略やマーケティングなどの授業で一般教養を身につけさせる以外に、実際の企業でのプロジェクトやインターンシップの機会を用意することで、一般常識を身につけさせることに力点を置いている。

生成ＡＩが誕生したことによりビジネススクールでの教え方は今後大きく変わることだろう。

教科書が存在している一般教養は、各生徒の習熟度に合わせてパーソナライズすることができる。たとえば、投資ファンドのアナリストが、財務の基礎や財務モデリングについて学ぶのは意味がない。公認会計士が財務諸表の読み方や仕訳の練習をすることも時間の無駄である。このような科目は個別に生成ＡＩが教えれば済むし、入学前にオンラインで学んでおけば入学後はチームプロジェクトなどで一般常識を身につけることに集中できる。

なお、この考え方はビジネススクールに限った話ではなく、義務教育や高等教育についても同様である。

「〇歳までは生成ＡＩを使わせるべきではない」というような議論は雑である。そして、一般教養を身につけるためには、1対30で人間の教師が行う集合学習は非効率極まりない。それよりも、一般教養は生成ＡＩがパーソナライズした授業による詰め込みを早期に実施すべきである。それにより、人間の教師や他の生徒、世代を超えた人たちとのかかわり合いの中でしか学べない社会性のような一般常識の習得に時間を割けるようになる。

本章では、生成ＡＩを使うことで人間の脳が拡張できるという点について解説した。そして、そのためには幅広い「一般教養」と実体験に基づく「一般常識」を身につける必要がある。そうすることで、ユニークな「問いの設定」をして、得られた「アウトプット」を独自の視点で「判断」することもできるようになる。

次章では、業界や専門領域がなくなっていく中、生成ＡＩによる機能拡張のために必要な一般教養とは何なのかについて考えてみよう。

第1章／まとめ

- 「生成ＡＩ対人間」という二項対立ではなく、生成ＡＩによって人間の脳が機能拡張すると認識すべき。

- 仕事のプロセスである「問いの設定」「インプット」「変換」「アウトプット」「判断」のうち、「インプット」「変換」「アウトプット」は生成ＡＩが人間よりも優位性を持つ。

- 人間が効果的な「問いの設定」と「判断」をするためには、専門知識よりも現代式詰め込み教育による一般教養と経験に基づいた一般常識を身につける必要がある。

第2章

現代式詰め込み教育によって一般教養を身につける

1 生成ＡＩによって精度の高いアウトプットが無限に生成される

■生成ＡＩによって見た目の精度の高いアウトプットが生み出される

本章では、生成ＡＩを使って機能拡張するために必要な基礎能力である「一般教養」と「一般常識」のうち、教科書が存在している「一般教養」について解説する。なぜ一般教養が必要なのか、デジタル革命によって一般教養はどのように変化していくのか、そしてどのように習得すべきかについて順を追って考えてみよう。

皆さんは、生成ＡＩをどの程度業務の中で使っているだろうか。使い始めて驚かされることの1つが、そのアウトプットの精度の高さではないだろうか。あまり使ったことがない人のために簡単な例を挙げてみよう。

たとえば、２０２３年11月時点のＣｈａｔＧＰＴ４に、次の文章を日本経済新聞の社説風に書き換えるよう頼んでみた。

「日本は長いこと不況で苦しんでいる。この原因は、既得権者がさまざまな制度を作って、変革を阻害していることである。この状況を打破するには、規制改革が不可欠だ。」

すると、ものの数秒でこの文章が提案される。

「日本経済は、長期にわたる停滞の雲がかかり続けている。この背景には、既存の利権を保持しようとする勢力が、経済のダイナミズムを制約する形で多くの制度を固定化している事実がある。新たな成長を促進し、この困難な状況を乗り越えるためには、規制の枠組みを見直し、改革することが急務である。そうすることで、革新的な企業や事業が芽生え、経済全体の活性化を図ることができる。このような規制改革の推進は、ただの経済問題ではなく、国家の将来にとっての重要な課題である。」

次にこれをNikkei Asia風に英訳してもらうと次のようになる。

"The Japanese economy continues to be shrouded in a prolonged stagnation. At the heart of this issue lies the reality that forces intent on maintaining existing privileges have solidified numerous systems that constrain the dynamism of the economy. To foster new growth and overcome these challenging circumstances, it is imperative to revisit and reform the regulatory framework. Such reforms will enable the emergence of innovative businesses and initiatives, catalyzing the revitalization of the entire economy. The push for regulatory reforms is not merely an economic issue but a critical matter for the future of the nation."

生成ＡＩの使い方を解説することが本書の主旨ではないのでこれ以上の結果の掲載は控

えるが、これを基に500語の英文記事も作成してもらった。そうすると、“The Urgent Need for Regulatory Reform in Japan's Stagnant Economy”というタイトルで、500語ぴったりの記事が出来上がった。その記事では戦後の高度経済成長に始まり、労働市場の硬直化や既得権者を守る規制などに触れた上で、イノベーションを生むための規制改革について言及している。

日常的に生成AIを使っている人からすれば驚きはないだろうが、これを初めて見た人の驚きははかり知れない。

かつては、500語の英語の文章を書いてネイティブに校正してもらう必要があった作業が、ものの数分で完了する。これを1000語に増幅することや、自動車産業に特化した文章に変更してもらうことなども、ものの数秒で実現できる。言うまでもないが、嫌な顔一つせずに、である。

このような精度の高い文章が次々と生成される時代が到来しているのが、生成AI誕生後の世界なのである。

■文章の精度が高いだけでは意味がない

では、ただ単に精度の高い文章が大量に生成されることに、何か意味があるのだろうか。生成ＡＩ誕生前から人間によって大量生成されてきた、いわゆる「こたつ記事」がより読みやすくなるととらえれば、一定の価値はあるのだろう。しかし、すでにある情報を基にして、何の脈略もなく、新たな文章を大量生成するという行為には何の価値もない。

皆さんの会社でも、他人の発言をただ単に繰り返したり、意味もなくメールのＣＣを増やしたりするような人たちはいないだろうか。それらの行為は、他人の貴重な時間を奪っているだけで、何の価値も生み出していない。

同様に、精度の高い文章を大量に生成すること自体には何の意味もない。繰り返しになるが、新たな価値を生むためには今持っている能力を増幅させること、つまり「機能拡張」する必要があるのだ。

■村上春樹が毎月小説を執筆できるようになる時代

日本を代表する小説家の村上春樹氏は、これまでに小説だけで30作品ほど出版している。1979年のデビュー以来、小説だけに限れば1年半に1冊くらいのペースで出版していることになる。

村上氏が「僕は字にしてみないとものがうまく考えられない人間」と著作で書いているように、実際には最初から最後まで自身で筆を執らないと1冊の小説は出来上がらないのかもしれない。小説を書くという崇高な行為を冒涜するつもりもない。しかし、より多くの村上作品が世に出ることを願う村上春樹ファンの想像ではあるが、ここでは村上氏の機能拡張について考えてみたい。

小説を書くプロセスを次ページの図のように整理してみた。村上氏が日々感じていることを毎日日記に書きつづって、それを基に生成AIが過去の村上氏の小説を参考にしながら毎日1冊の小説を完成させることは理論上できる。その中から完成度の高いものを村上氏自身が選んで練り上げれば、毎月1冊出版することも夢ではなくなるだろう。

すでに著名人がライターとのコラボによって書籍を執筆することは一般的になっているが、それが生成AIとのコラボによって増幅すると何が起きるのだろうか。文化庁によると日本人が毎月読む本は平均1冊強だそうだ。これが変わらない以上、好きな著者の作品が増え続ければ、それ以外の著者の作品を読む時間は減り続けるだろう。名前が知られていない新人作家にとっては辛い世の中になってしまう。

誰でも生成AIによって自身の機能を拡張できる時代だからこそ、自分自身の機能を高めるとともにユニークさを出していくことが求められている。そして、そのために必要なのがユニークな問いを立て、生成されたアウトプットの良し悪しを判断するための基礎となる一般教養なのである。

図 2-1　小説を書くプロセス

	問いを立てる	インプット	変換	アウトプット	判断
プロセス	・小説の中心となるテーマや問いを考える ・探求したい内容や伝えたい物語を明確にする	・物語の背景や設定に関するリサーチ ・時代背景、地理文化、科学的要素などに関する情報を集める	・収集した情報を創造的な物語の要素に変換 ・キャラクターの作成、プロットの構築、設定の制作	・物語の実際の執筆作業 ・物語の構造、キャラクターの発展、対話、描写を通じて物語を紙上に展開	・文法的な誤りの修正、表現のブラッシュアップ ・不必要な部分の削除や重要な部分の強化 ・外部からのフィードバックを得て、客観的な視点で物語を見直す
これまで	人間	人間	人間	人間	人間
これから	人間	生成 AI	生成 AI	生成 AI	人間

2 デジタル革命により業界という概念がなくなる

■新興国に普及しているスーパーアプリ

日々生活をしているとあまり感じないが、世の中は常に変化している。**世の中が変化すれば、必要とされる一般教養も変化することになる。**

たとえば、私が住んでいる東南アジアには新興国が多く、日進月歩でいろいろなサービスが生み出されては消えていく。私が東南アジアに移住してからの10年間を振り返ると、特にスマホ革命によって多くの変化が生じた。

東南アジアにはゴジェックやグラブといったスーパーアプリがいくつか存在している。

スーパーアプリとは、1つのアプリ内に多数の機能を有しているものを指す。日本でも話題になっているライドシェアをはじめとして、決済、フードデリバリー、Eコマース、遠隔医療などが1つのアプリに収納されている。

ゴジェックやグラブはライドシェアから事業を始めたのちに、それ以外のサービスの提供を開始した。ユーザからすると、1つのアプリで多数のサービスを使うことができるため、ユーザ数は一気に増幅した。日本のように一定程度交通手段や決済手段、Eコマースや医療が普及している国では考えられない現象だろう。

では、これらのサービスを提供しているゴジェックやグラブは何業界に属するのだろうか。ライドシェアだけで考えればモビリティということになるが、一方で東南アジア最大級のフィンテック企業の1つでもあるし、医療サービスも提供している。

要は、旧来の業界という区切りでは整理することが難しいのである。『日経業界地図2024年版（日本経済新聞出版）』には185もの業界が収録されているそうだが、これらは人間が整理のためにつくったものだ。なお、収録されている業界には「CO2可視化」や「メタバース」のような業界横断型のものもある。かつて業界が専門特化型で派生的に拡大してきた結果多様化してきたが、デジタル革命が起きたことで集約化が進んでいるととらえることもできる。

■先進国ではタテ割りが残っている

新興国ではレガシーがないため、ゴジェックやグラブのように新たなサービスが業界横断的に出現することがよくある。一方で、タテ割りの業界がたくさん残っている先進国ではそうはならない。

たとえば、いくら便利だからといっても、ある日東京でライドシェアが全面的に解禁されたら、タクシー業界やバス業界は影響を受ける。もしライドシェアがタクシーよりもかなり低い価格設定で参入してきたら、既存の業界関係者の反対に遭うだろう。

あるいは、全国的に遠隔医療が導入されて、自宅にいながらして医師の診察を安価で受けられるようになり、診察後20分で家に薬が届くとしたらどうだろう。これも同じく医師団体や医療関係者の反対に遭うことは必至だ。

なお、私は日本が遅れていて海外が何でも進んでいるから素晴らしいなどと言うつもりはない。たしかに、既得権者が反対していることでライドシェアや遠隔医療の導入は遅れているかもしれないが、それによりタクシーや医療の質が維持されていることもあるだろう。また、レガシーを打破して新たな変革をするということには痛みを伴う。

一方で、環境が変化しているのであれば、それに合わせて私たちも変わっていかないといけない。いつまでも時代遅れの論理で戦っていては、集団で不利益を被ることになりかねない。

■業界の垣根がなくなる

私が住んでいる東南アジアで新たな動きとしてあるのが、スマートシティの建設である。たとえば、ベトナムのビングループは次の写真のようなスマートシティを建設している。

１９９３年にウクライナで食品会社を創業したビングループ創設者兼現会長ファム・ニャット・ブオン氏は、２０００年にベトナムでの事業を開始した。ビングループは、現在では食品事業以外にも小売業や教育事業、不動産事業などを運営する財閥である。

特筆すべきは、瞬間的にではあるが２０２３年8月28日に時価総額28兆円に達した電気自動車メーカーのビンファストだろう。ビングループは電気自動車を普及させるために、タクシー事業とレンタル事業を手がけるGSMという会社を設立した。単なる自動車メーカーではなく、オペレーターもやろうということである。

ビングループの戦略を見ていると、従来型の業界という括りではなく、住民の「働く、暮らす、遊ぶ」をできるだけ快適にするためにはどうするかを考えているように思える。そのように考えているからこそ、電気自動車を製造して販売しよう、ではなくMaaS事業の展開というとらえ方になり、さらにはスマートシティの建設を発想することにつながっているのだ。

ビングループのスマートシティ

3 ただの専門バカは必要なくなる

■専門に特化していても価値は生めなくなる

業界と同じようにタテ割りされているのが、機能ごとの専門性である。

日本はありとあらゆる資格試験が存在していることで有名だが、代表的なものには司法試験、公認会計士試験や税理士試験などがある。法科大学院に入って弁護士になるには、司法試験に合格したのちに1年の司法修習生を経て、やっと弁護士になる資格が与えられる。法科大学院ができた今でこそ門戸が広がって社会人経験後に弁護士になる人も増えているが、かつては何年も勉強して合格率数%程度の司法試験に合格する必要があった。

私の周囲にも学生時代から司法試験や公認会計士試験の勉強に明け暮れて弁護士や会計士になった人が多数いるが、10代や20代の早いうちから1つの道を決めて勉強にまい進する姿は尊敬に値する。

今でこそ日本でもジョブ型人事制度が浸透しつつあるが、欧米企業ではだいぶ前からジョブ型人事制度が採用されている。欧米企業では意思決定がトップダウンでなされるため、現場でそれをすぐに実行できるように機能が明確に定義されている。組織はモジュール化されていて、各部門に配置される人員についてもジョブディスクリプションが明確に定義されている。マニュアルも整備されているため、スキルのある人間が入社すればすぐに成果を出すことができる。

私が2000年代に入社した米国企業でもジョブ型人事制度が採用されていて、部門ごとの役割も明確に定義されていた。各社員のジョブディスクリプションも明確に定義されていたため、自分の役割を超えて成果を出すことは期待されていなかった。他部門が困っていても一切手助けしないことは当初奇異に映ったが、トップダウンでの指示の実行スピードには目を見張るものがあった。

一方で、その米国企業では2000年代からジョブ型人事制度の限界について議論されていた。ただ通常オペレーションを回すだけであれば問題ないが、マニュアル通りに進めていてもイノベーションは生まれないと。

ここでオペレーション、ストラテジー、イノベーションの概念を下図に整理しておこう。

オペレーションとは「決められたことを決められたとおりに進めること」である。それに対して、ストラテジーやイノベーションになると、「より大きな影響範囲に対して新たな付加価値を提供すること」を指す。

オペレーション、ストラテジー、イノベーションの違いについて、ある個人経営の外食店を例にとって説明しよう。

オペレーションとは、原材料を仕入れ、スタッフを採用・教育して、顧客に対してサービスを提供することである。顧客からのク

図 2-2　イノベーション、ストラテジー、オペレーションの整理

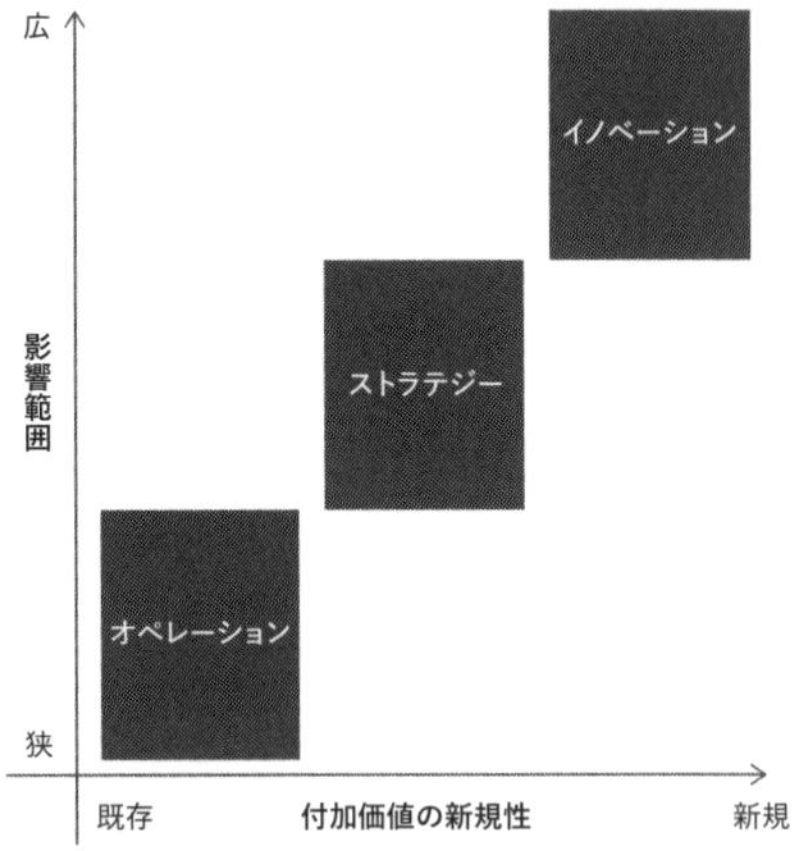

レームなどのトラブルが発生したら、それに対応する必要もある。

また、売上が好調に推移して、店舗面積を増床してメニューを増やすことが決まったとしよう。その場合、新たな投資も必要となり、新たな仕入れ先を探す必要が出てくるかもしれない。これはストラテジーに相当する。

さらに、隣町からフランチャイズ展開をしたいという人が現れたとしよう。この場合、これまでに実施したことがないフランチャイズ契約を締結するための準備が必要になる。たとえば、俗人的に実施していた業務のマニュアル化やシステム化なども必要だろう。これはイノベーションに相当する。

私がいた米国企業ではジョブ型人事制度が採用されていて、トップが決めた方針に沿ってオペレーションを遂行することに特化していた。また、ストラテジーを考えるための専門部門もあった。しかし、それではリスクを取って新たな領域でイノベーションを起こすような活動にはつながっていなかったのである。

■専門領域はどんどんなくなる

私が勤めていた米国企業の話をもう少しすると、専門特化型人材ではイノベーションが起きないことに気づいた経営陣は、新たに社長直轄でイノベーション部門を立ち上げた。その部門には社内外からさまざまなバックグラウンドの人材を集めることで、マニュアルに沿うのではなく多様なアイデアを出すことを目指した。その結果として、異業種と連携した商品の開発などが進んだ。

それ以外にも、米国本社に一元化できる専門業務については一気に一元化を進めた。たとえば、ＩＴシステム部門などは日本の人員が一気に削減されて、日本ではオペレーションに特化した体制へと変更された。経理業務も多くがＩＴシステムに置き換えられたことにより、日本はオペレーション遂行上必要な最低限の人数へと削減された。

要は、２０００年代以降に一気に進んだデジタル革命によって、業務の標準化やシステム化が進んだため、専門人材がほとんど必要なくなったのである。しかし、これはあくまで人間がシステムの仕様を決めてプログラミングしていた時代の話である。**この先、生成ＡＩによる業務の自動化が進んでくると、専門領域はさらになくなっていくだろう。**

■専門知識こそ機能拡張で補える

学術分野でも同様のことが言える。多くの学術研究は先人たちの研究成果に基づいてなされるということは、時代を経るごとに習得すべき量が増えていくことを意味する。

たとえば、経営学では博士号を取得するまでに読むべき論文数や習得すべき理論数は飛躍的に増えたと言われる。だからといって50歳まで必死に勉強して博士号を取得したのでは、その後の研究に費やせる年数が限られているし、20代に学んだ内容の一部は陳腐化してしまうだろう。結果として、勉強量を現実的な量とするために、専門化が一気に進んでいる。

次は世界的な経営学の月刊誌である"Academy of Management Journal"や"Journal of International Business Studies"から引用した論文のタイトル一覧と参考訳である。

・Wearing Your Worth at Work: The Consequences of Employees' Daily Clothing

Choices（従業員の日々の服装選択が仕事に与える影響）

・Distilling Authenticity: Materiality and Narratives in Canadian Distilleries' Authenticity Work（カナダの蒸留所における本物らしさの追求：物質性と物語が果たす役割）

・Does politician turnover affect foreign subsidiary performance? Evidence in China（中国における政治家の交代が外資系子会社の成果に与える影響）

これらのタイトルを見てどう思うだろうか。特に経営現場で日夜奮闘している経営者や現場リーダーからすると、浮世離れしたものに見えるのではないだろうか。

もちろん、アカデミアとしての経営学者には敬意を払うし、学問として経営をサイエンスの視点から解明していくことには一定の意味がある。一方で、デジタル革命の影響で専門領域間の壁がなくなりつつある現代においては、使いづらいものになっている。

早稲田大学大学院・ビジネススクール教授で『世界標準の経営理論』の著者である入山章栄氏は、著書の中で「経営学は経済学、心理学、社会学といった理論ディシプリンを応用している。1人の学者がその研究キャリアを成功させていくには、特定のディシプリンにこだわり続ける必要があるため、すべてに精通している学者はほとんどいない。自分は偶然にもすべてのディシプリンにかかわることができたため、ディシプリン横断的に経営学を語ることができる（筆者要約）」という主旨を述べている。

専門特化型の経営学者を否定するつもりはないが、社会学、経済学、心理学を学んだ経営学者が増えれば、それだけ世の中の役に立つ研究が進むともいえるのではないか。各ディシプリンの専門知識こそ生成ＡＩによる機能拡張で補うことができる中、大切な若い時代を専門知識の習得に充てるのは理にかなっていない。

4 生成ＡＩを活用して広い一般教養を詰め込む

■業界横断的な知識を身につける

では、業界の垣根や専門領域がなくなってきている現代では、どのようにして一般教養を身につけるべきなのだろうか。

まず、業界がなくなっているのだから、1つの業界に特化した知識を身につけることの価値は次第に低下していく。

もし読者が学生なのであれば、さまざまな業界でのアルバイトやインターンシップをとおして、幅広い業界での経験を得ることを優先すべきだ。就職活動をするときにも、特定の業界に絞り込まずに、広い視野を持つべきだ。

すでに就職している読者であっても、自分が所属している業界以外の情報を積極的に取得すべきである。異業種の人たちと積極的に交流することで、さまざまな業界の視点を身につけることも有効である。同じ現象であっても、異業種の人たちがどのようにとらえているかを知ることは、視点を上げるのに有効である。

たとえば、輸入品の国内販売に特化している小売業であれば、円安で輸入品の原価が上がることは利益を圧迫する。一方で、国内で収穫した野菜を海外に輸出する商社の利益は、同じ円安でも押し上がる。

他にも、従業員の大半がアルバイトで平均勤続期間が半年程度のファーストフードチェーンの店長と平均勤続期間が10年の精密機械メーカーの課長では、人事に対する考え方が異なるだろう。

このように異業種の視点で物事を見ることで、より俯瞰した視点を持つことができるようになる。

■専門領域を横断した知識を身につける

専門領域に関しても同様である。ある日突然、物理学や数学、社会学や経済学が統合されることはないだろうが、デジタル革命によってそれらの垣根は確実になくなっている。

このような時代には、できるだけ幅広い領域の知識を身につけることが重要である。

たとえば、物理学を専攻している学生であっても、会計学や法律学などの基礎を勉強すべきだろう。そもそも理系や文系といった区分は日本特有のもので、教える側の効率性から生じたものである。

社会人であれば、ＭＢＡのように幅広い科目を習得できる学部や社会人向け大学院で複数領域の学位を取得することも可能だ。また、今は世界中の大学の講義をオンラインで受講することもできる。学生時代の得手不得手や現在の仕事で必要とされているかどうかにとらわれず、幅広く好奇心を持つことが重要だ。

■一般教養は生成AIから学ぶ

前述のとおり、一般教養とは教科書に載っている知識を指す。つまり、形式知化されていて、教え方の巧拙はあっても、教える内容が教え手によって変わるものではない。それであれば、できるだけ教えるのがうまい人に教わるべきなのは言わずもがなである。

それでは、教えるのがうまいとは何を意味しているのだろうか。それはズバリ、生徒の進度に合わせてカリキュラムを組んで、生徒が理解できるまで教えることができるかどうかである。そして、それに長けているのが生成ＡＩなのである。

人間の教師は、これまで1クラス30人の生徒に対して同じ内容を教えてきた。中学1年生のクラスであれば、どれだけ優秀な生徒やそうでない生徒がクラスにいようと、文部科学省の学習指導要領に沿って教える必要があった。結果、すでに先の単元を塾や自宅で学習している生徒にとってはつまらない授業となり、一度脱落した生徒にとっては理解が困難な授業となる。

皆さんは、一時期ＴＥＤで話題となったサルマン・カーン氏の動画を視聴したことがあるだろうか。ボストンに住んでいたカーン氏は、歳が離れた幼い従兄弟の家庭教師をしていた。

ある日カーン氏は、あくまで従兄弟の補習用に作成した動画をYouTubeに載せた。すると、従兄弟はその動画をひどく気に入った。なぜならば、わからない箇所があったら、一度といわず、一切の気まずさを感じずに何度も視聴することができたからだ。

さらに驚くべきことに、カーン氏が従兄弟のために作成した動画は、学習に困っていた世界の多くの生徒から視聴されるようになった。カーン氏は、世界中に学習で困っている生徒がいることを発見し、カーンアカデミーというＮＰＯ団体を設立して、動画の普及に努めた。

カーン氏によれば、初めのうちは理解が遅くとも、カーンアカデミーのプログラムを使って学習することで、後に飛躍的に学力が伸びることが多々あるそうだ。１人の先生が教科書を使って30人を相手に同じ内容を教える場合、飲み込みの悪い生徒は早々に落ちこぼれてしまう。しかし、たとえ飲み込みが悪い学生であっても、繰り返し学習することで優秀な学生になることができるのである。これこそが、パーソナライズすることの強みである。

生成ＡＩを使用すれば、YouTube動画よりさらに効率的に、生徒が理解できるまで教えることができる。そうすれば、誰でも教科書に載っている形式知化された一般教養を効率的に身につけることができる。まさに、現代式の詰め込み教育といえるだろう。

なお、私が住むシンガポールではすでに義務教育にＡＩを取り入れて、生徒ごとにパーソナライズした教育を提供し始めている。前述のＰＩＳＡ調査の複数分野で世界首位の学力を誇るシンガポールの学生がさらに強化されれば、これからの時代にさらなる機能拡張が期待できる。

本章では、デジタル革命の影響で業界や専門領域がなくなっていくことについて解説した。そして、そのような時代においては、幅広い一般教養を身につける必要があり、生成ＡＩを使うことで、効率的に学習することができる。第3章では、教科書に載っていない一般常識とは何か、それをどうやって身につけるかについて考えてみよう。

第2章 まとめ

- これから先、生成ＡＩによって質の高いアウトプットが量産されることが予想される。

- デジタル革命が起きた結果、業界や専門領域の垣根がなくなりつつある。

- このような時代に他者と差別化するには、業界や専門領域を横断した幅広い一般教養を身につける必要がある。

- 生成ＡＩの力を使えば、学習のパーソナライズの品質を一気に向上させて、一般教養の学習効果を高めることができる。

第3章

経験に基づいた
一般常識を身につける

1 構想力では生成AIには勝てない

■イノベーションとは異結合のこと

本章では、教科書に載っていない「一般常識」がどのように変化しているのか、そしてそれをどのようにして身につけるのかについて考えてみよう。

前述のとおり、イノベーションとは「より広い範囲に対して、新たな価値を提供するための活動」である。その実現には、スキルを高めてオペレーションを改善していくのではなく、新たな手法を考案することが必要となる。

たとえば、高齢化が進展している日本の零細農家向けのスーパーアプリをつくるのはどうだろうか。主に新興国で普及しているスーパーアプリの考え方を日本の零細農家に持ち込めば、種子や肥料の購入、保険への加入や耕作ノウハウの共有などを１つのアプリで実施することができる。高齢者でも使えるようにすべて対話型のアプリにすれば、農協の職員と会話しているかのように、アプリを使うことができるだろう。

あるいは、インフラ点検のためにオーストラリアで活躍する小型人工衛星を使うのはどうだろう。日本の地方都市では過疎化が進んでいるといわれるが、オーストラリアの人口密度は日本の１００分の１以下である。それでもオーストラリアは社会インフラを維持して、新産業を育成し、世界銀行によると２０２２年の１人当たりＧＤＰは６４５００米ドルと日本の３３８００米ドルをはるかにしのぐ。そのためには、人間に依存しなくても済むような技術がいたるところに使われている。

このように、イノベーションを起こすために必要なのは過去に存在していないものを「発明」することではなく、すでに存在しているものを組み合わせる「異結合」の考え方なのである。

■できるだけ遠くから持ってくることで新しいものが生まれる

そして、社会を変革するためのイノベーションを生むためには、できるだけ遠くから情報を持ってくることが重要なのである。

次図に示したように、「近く」というのは同じ業界の競合をベンチマークするような手法である。ベンチマークとは、三井住友銀行であれば、三菱ＵＦＪ銀行やみずほ銀行が何をしているのか、三井物産であれば、三菱商事や住友商事が何をしているのかを研究することを指す。もちろん、それによってオペレーション改善の手法や差別化するためのストラテジーを考えるヒントは生まれるだろう。しかし、それはイノベーションではない。

それに対して、「遠く」とは別の業界のプレイヤーの研究をするような手法である。また、ビジネスに限らず、成功事例や失敗事例を広く探索する活動から、優れたイノベーションが生まれるのである。

たとえば、世界中に26億人の信仰者がいるキリスト教はどうやって信仰者を増やしたのか。そして、その信仰を維持するためにどのような工夫がなされているのだろうか。

あるいは、米国のアポロ計画では1967年にアポロ1号が失敗してから、たった2年半で月面着陸に成功したアポロ11号が開発された。その際の成功の秘訣は何だったのだろうか。プロジェクトマネジメントでは、どのような工夫がなされていたのだろうか。

このようにして、空間的のみならず、時間的にも遠いところから事例を探すことで、より新規性のある異結合、すなわちイノベーションを生むことができるのである。

図 3-1　近くの情報と遠くの情報

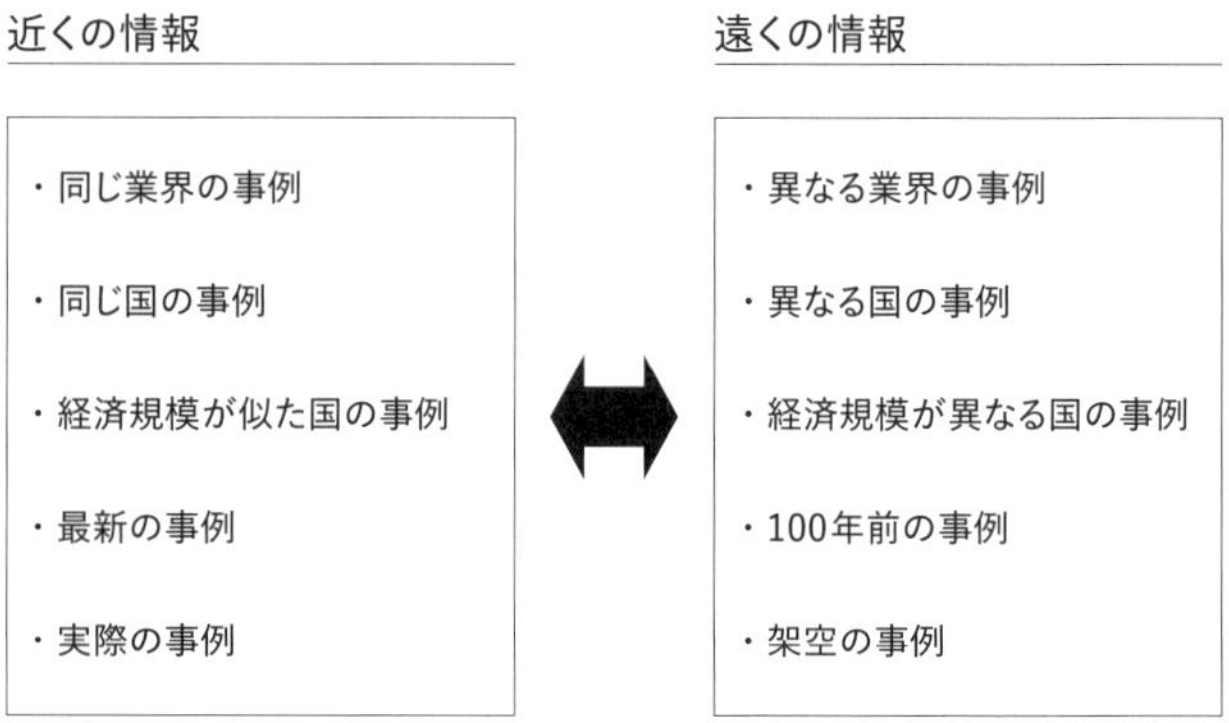

■生成AIはいくらでも遠くから持って来られる

シンガポールの初代首相リー・クアンユー氏は、1965年にマレーシアから独立して、限られた資源を有効活用することで世界有数のイノベーション国家であるシンガポールを生み出した。シンガポールの面積は約730平方キロメートルで、東京23区とさほど変わらない。しかし、世界銀行によると2022年の1人当たりGDPは82800米ドルで世界第6位、イノベーション国家としては世界第7位を誇る。たった半世紀でこの偉業を成し遂げたリー氏も、遠くから持って来る天才だったのだ。

たとえばリー氏は、国内企業を育成して工業化の担い手にするのではなく、先進国企業を積極的に誘致した。そのためのインセンティブとして、多くの産業分野で100%外国資本の企業の設立を認めた。また、先進国企業が複数の政府機関と交渉する必要がないよう、経済開発庁が一元的な窓口となった。結果、外国企業を積極的に誘致して工業化を達成し、シンガポール経済は英国植民地時代の貿易中心から製造業中心へと歴史的転換を遂げた。

一方で、土地に限りのあるシンガポールをさらに発展させるために金融のハブになる構想を打ち立てた。その際にも、よく整備された通信インフラや英語を話す国民、効率的な行政などを最大限活用して外国銀行を積極的に誘致した。今ではシンガポールはアジアの金融のハブとなり、その他の機能もあいまって東南アジアの首都のような役割を果たしている。これは、外国企業の誘致による国の機能拡張といっても過言ではないだろう。

ほかにも、トヨタのカンバン方式を導入して成功した「Spotify」や「ＮＩＫＥ」、日本の製造業の研究を基にしてシリコンバレーで生まれた「アジャイル開発手法」など、異結合によるイノベーションを挙げれば枚挙にいとまがない。

そして、この異結合を最大化することができるのが生成ＡＩなのである。人間が生きている間に見ることができる事例には限りがある。また、認知バイアスのある人間は見たいものを見たいようにしか見ることができない。それに対して、生成ＡＩを使えば、自社で使い物にならなかった特許や地球の反対側で起きている事例までを、バイアスなく組み合わせることができる。

■仮説思考をしてはいけない

私が経営コンサルタントになった20年前に教わったことの1つに仮説思考がある。次図のように仮説を立ててから検証することを繰り返すことで、仮説を素早く進化させることができるというものである。

仮説を検証するための情報を収集するにはコストがかかる。したがって、仮説思考をすることによってそれをさらに細かい論点に分解し、検証に必要な情報を効率的に絞り込むことには意味がある。

その一方で、認知バイアスを基に構築した仮説に制約されるというデメリットもある。なぜならば、仮説を立てるのは人間である以上、過去に知った情報の範囲内でしか仮説を構築することはできないからである。

たとえば、ある経営コンサルタントが、新しいレストランの成功は立地に依存するという仮説を立てたとしよう。しかし、この仮説は彼の過去の経験と確証バイアスに基づいていて、今回のクライアントである高級レストランには当てはまらないかもしれない。

また、ある投資家が過去のパフォーマンスに基づいて特定の株式が将来も良いパフォーマンスを示すという仮説を立てた場合、これは過去の成功体験に基づくバイアスによるものだ。過去に多くの投資家が失敗しているように、想定されていない要因が株価に影響を及ぼす可能性がある。

さらに、ある医師が「特定の病気は特定の年齢層や性別に多い」という仮説を立てた場合、これは過去の症例や統計に基づくものかもしれないが、個々の患者のユニークな状況や条件を見落とす可能性がある。

仮説思考のすべてを否定するわけではないが、生成ＡＩを使えばより精度の高い仮説を構築することができる。

図 3-2　仮説思考のイメージ

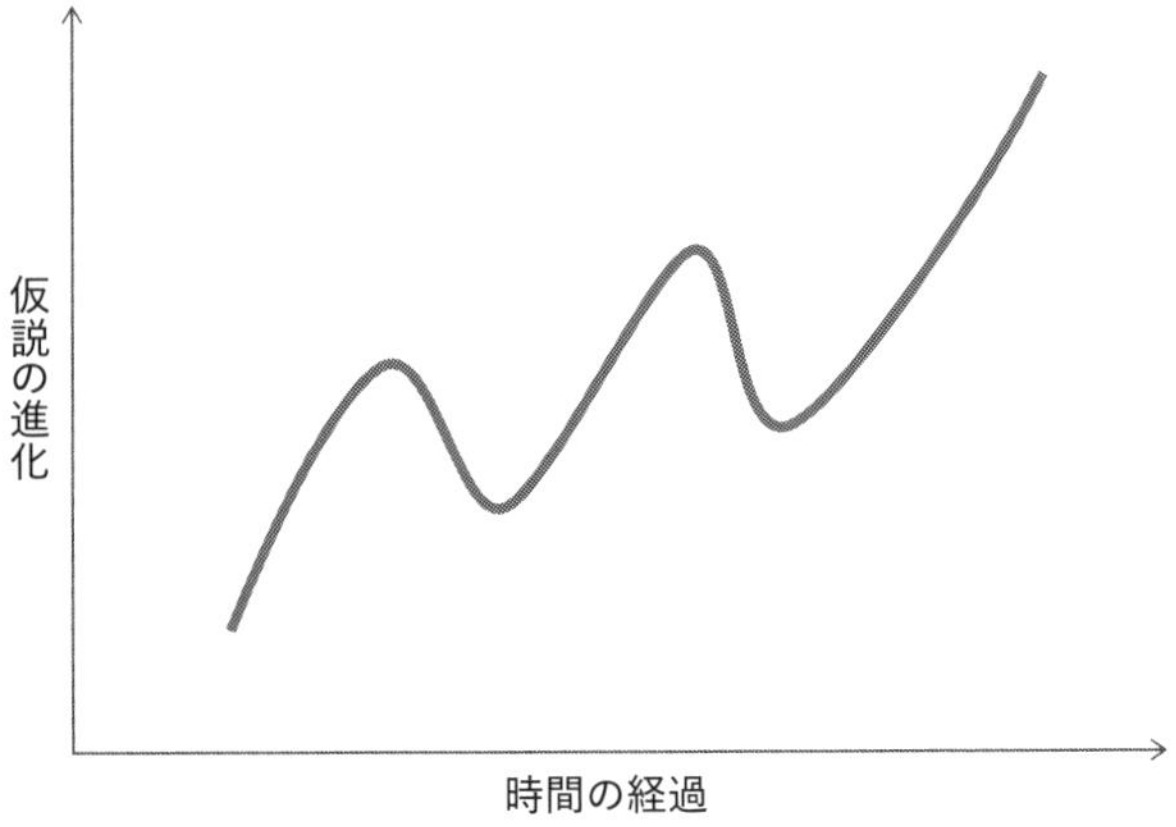

2 若いうちにリアルな経験を積むしかない

■世界では均質化が進んでいる

デジタル革命が起きた結果、世界では均質化が進んでいる。スマホが普及して、あらゆるものがデジタル化された世界は確かに私たちの生活に利便性をもたらした。**一方で、デジタル化された世界ではインターネットやSNSで情報が拡散し、世界中で均質化を生む。**

たとえば、デジタルのみで拡散できるYouTube動画の再生回数を見てみよう。次の表で世界ランキングトップ10を見てみると、それらは数十億回も再生されている。同様に

Netflixの公開後91日間の再生回数トップ10（英語ＴＶ番組）を見てみても、ヒットした番組は世界中で視聴されていることが分かる。

また、Instagramのフォロワー数トップ10を見ても同様である。グローバルに活躍する有名人であるクリスチアーノ・ロナウドやリオネル・メッシは、世界中のフォロワーに随時見られて、影響を与え続けている。

加えて、私たちの行動の多くはデータ化され、その結果として行動が制約されている。中国の天網や信用スコアが有名だが、評価軸が画一的になればなるほど、私たちの行動は均質化が進む。

図 3-3　YouTube、Netflix、Instagram トップ10（2023年末時点）

YouTube			Netflix			Instagram		
#	動画タイトル	再生回数（億回）	#	番組名	再生回数（億回）	#	名前	フォロワー数（億人）
1	Baby Shark Dance	137.8	1	Wednesday: Season 1	2.5	1	Cristiano Ronaldo	6.13
2	Despacito	83.3	2	Stranger Things 4	1.4	2	Lionel Messi	4.94
3	Johny Johny Yes Papa	68.5	3	DAHMER: Monster: The Jeffrey Dahmer Story	1.2	3	Selena Gomez	4.29
4	Bath Song	65.2	4	Bridgerton: Season 1	1.1	4	Kylie Jenner	3.99
5	Shape of You	61.5	5	The Queen's Gambit: Limited Series	1.1	5	Dwayne “The Rock” Johnson	3.94
6	See You Again	61.1	6	The Night Agent: Season 1	1.0	6	Ariana Grande	3.8
7	Wheels on the Bus	57.4	7	Stranger Things 3	0.9	7	Kim Kardashian West	3.64
8	Phonics Song with Two Words	55.9	8	Bridgerton: Season 2	0.9	8	Beyoncé	3.19
9	Uptown Funk	51.0	9	The Witcher: Season 1	0.8	9	Khloé Kardashian	3.11
10	Learning Colors–Colorful Eggs on a Farm	50.3	10	Queen Charlotte: A Bridgerton Story	0.8	10	Kendall Jenner	2.94

結果として、中国では２０２２年までの10年間で年間犯罪件数が６５５万件から４２２万件に減少し、住民が優しくなったという声も聞く。それ自体は素晴らしいことなのだろうが、その結果として均質化が進んでいる。

今後生成ＡＩによって既存の情報が再生成されて拡散されるようになると、より一層この傾向が強くなるだろう。

■リアルな経験がないと差別化できない

では、あらゆるものがデジタル化された世界では何が起きるのだろうか。**そのような世界では、リアルな経験に基づいたアナログな要素で差別化することが重要になる。**

たとえば、第1章で挙げたレストラン選びの例で考えてみると、立地やジャンル、予算などはデジタルな情報として条件設定できる。しかし、そのようにして選んだ店よりも、何年も通い続けているなじみの店で、その店ができた背景や料理長の人柄、ある料理が誕生した背景などを熟知していたほうが、より満足度の高い食事会を設定できるのではないか。

また、そのような店を選んだとしても、店側のダブルブッキングによって店に入れないようなアクシデントもあるだろう。そのときに、常連だからと無理やり席を空けさせるのか、すぐに別の店を探して店にも友人夫婦にも嫌な思いをさせない対応をできるかどうかで印象が変わるだろう。

企業買収のプロセスなどを勉強したければ、いくらでも教科書が出回っている。それこそ、優秀なファイナンシャルアドバイザーと契約すれば、機能拡張することができる。では、それだけで企業買収が成功できるのかといえば、そんなことはない。

たまたま知り合った企業のオーナーから買収を持ちかけられて、買収した結果うまくいくこともある。一方で、どれだけ精緻に業界や企業のことを調べて買収したとしても、買収後の統合で失敗することもある。

では、行き当たりばったりでいいのかというと、当然そのようなことはない。教科書に載っていない一般常識が多いからこそ、教科書に載っている一般教養はきちんと勉強する必要がある。

食事会の例でいえば、席次や注文の仕方、車やお土産の手配など、勉強すれば済むことで減点される必要はない。企業買収にしても、買収プロセスや企業価値評価の方法、契約書の作成方法やクロージングの手続きなど、教科書に載っているものはきちんと勉強しておかないと、必要のない失敗をしてしまうことになる。

教科書で一般教養を身につけた後は、リアルな経験をとおして一般常識を身につけることで差別化することが重要なのである。

■積極的にリアルな失敗をする

一般常識を身につけるために重要なのは、リアルな失敗をすることである。これは学生であっても社会人であっても変わらない。

現代は社会の階層化やデジタル化によってリアルな学びの機会が減っている。

まず階層化でいうと、家柄の差、能力の差などの多様性に富んだ人の中で経験を積む場が減っている。私が通った地方都市の公立学校はまさにこのような多様性に富んだ学校だった。私が米国の現地校で経験したような国籍や民族の多様性とはまったく違った環境の中で、リアルな失敗を経験しながら社会性を身につけることができた。

米国では主張しない生徒は無価値だと教わり、常に主張することを習慣づけられていた。それが日本では、授業中に答えがわからないのに手を挙げて回答すると馬鹿者扱いをされた。また、英語が得意な私を疎ましく思う先生がいる一方で、個性の1つとして認めてくれる先生もいた。

米国から日本に帰国したときには、全てを投げ出したくなるような苦労もあったし、その時期は人生で一番の試練の時期だったのだと思う。しかし、その結果として米国と日本の両方で公立校に通い、リアルな一般常識を学ぶことができたことは人生の財産だと思っている。

それに対して、社会の階層化が進むとどうなるだろうか。小学校や中学校から私立や国立の学校に進むと多様性に触れる機会が失われ、一般常識を身につける機会が失われる。社会学者の宮台真司氏によると、新興住宅地では「○○ちゃんは賃貸の家に住んでいるから遊んではダメ」と教育する親が続出していたらしい。

宮台氏の言葉を借りればこれは「キーワード化」ということらしい。要は、○○中学校、偏差値70、分譲住宅などのようなラベルを人間に貼ることを指す。

そして、「キーワード」はデジタル情報なので、デジタル社会との相性が良い。社会人になればそのキーワードが、○○商事、弁護士、年収700万円のように変化するだけである。就職活動の際にはキーワードで就職先を探し、企業側もキーワードを基に内定を出す。交友関係を広げる際にも、結婚相手を探す際にも、このようなデジタル情報が重要な役割を果たす。

念のため補足すると、私はデジタル化に反対しているわけではない。キーワード化のお陰で地方都市にいても就職することができたり、忙しい中でも結婚相手を見つけることができたりするのは素晴らしいことではないだろうか。

私が問題視しているのは、デジタル技術に依存しすぎて、リアルな経験を積まないことである。デジタル技術のお陰で時間ができたなら、より積極的にリアルな経験を積むために時間を使うべきである。

3 いつまでたってもビジネスの相手は生身の人間

■人間はバーチャル空間で生きることはできない

日本が高度成長期を謳歌していた時代にはデジタル技術が発達していなかったため、商店街がなくなり、コンビニチェーンや外食チェーンなどができた。商品開発から販売までを一元的に管理するためには、メーカーから店舗までの物理的なサプライチェーンを掌握する必要があったからだ。その結果、「〇〇酒店の〇〇さん」は「セブンイレブンの店長」のようなキーワードに置き換わった。

それに対して、私が住んでいる東南アジアでは、デジタル技術が発達してから高度成長期を迎えている。結果として、序章で触れたとおりパパママショップは生き残り、裏側だけがデジタル技術でプラットフォーム化されている。デジタル技術によって活性化したパパママショップには地域住民が集まり、コミュニティを形成している。まさに「社会にやさしいイノベーション」が起きているのだ。

社会性の中で生きている人間はバーチャル空間のみで生きることができない。そして、デジタル技術が発達した現代では、より豊かなリアル空間をつくることができる。

■メディアが変化しても人間同士の会話であることを意識する

世界中を混乱に陥れ多くの犠牲者を出したコロナ禍を経て、リモート環境で働くことが一般的になった。ZoomやTeamsなどのウェブ会議ツールが普及し「初対面の打ち合わせは対面でないと失礼に当たる」と言う既成概念が覆ったことは大きな変化だ。

ウェブ会議が普及したとき、全員の顔が同じサイズの枠に、ランダムな順番で表示されると威厳を保てないと文句をいう日本企業の幹部が続出したという。役職順に大きく、上から順番に並べるような機能追加を要求したというから驚きだ。そのような幹部は対面会議では話す内容よりも空気で場を支配していたのだろう。

オフィスで気軽な会話ができなくなった結果、チャットやEメールでの会話が増えた。対面での会話とは異なり表情や声のトーンなどが使えず、文字情報のみが送信されるチャットやEメールのほうが、伝え方に気を配る。その結果として、内容が意識されるようになった。

では、対面での会議が必要ないのかというと、決してそのようなことはない。すでにやり方が確立しているオペレーションの会話の場合はさておき、ストラテジーやイノベーションの会話では対面での会話も重要になる。なぜならば、ストラテジーやイノベーションにおける絶対解は存在せず、それを実行するのは生身の人間だからだ。

■ネガティブ・ケイパビリティを身につける

皆さんは「ネガティブ・ケイパビリティ」という言葉を聞いたことがあるだろうか。詩人のジョン・キーツ氏が初めて使ったとされるこの言葉について、精神科医で小説家の帚木蓬生氏は著書の『ネガティブ・ケイパビリティ　答えの出ない事態に耐える力』の中で**「性急に証明や理由を求めずに、不確実さや不思議さ、懐疑の中にいることができる能力」**と表現している。

世の中の多くの問題には明快な解決策は存在しない。たとえば、地球規模では人口増加とそれに伴う環境破壊が問題視されている。その一方で、日本では人口減少による労働力不足が問題になっていて、異次元の少子化対策などが議論されている。

あるいは、会社存続のためには祖業であるにもかかわらず、1000人の従業員を擁する事業部門を競合に売却する必要があるといわれている。家族のように何十年も一緒に働いてきた従業員がいるのに、売却することは許されるのだろうか。

このような明快な答えの出ない問題に耐えて考え続ける力こそがネガティブ・ケイパビリティなのである。しかし、人間は問題が未解決のまま放置されていることにストレスを感じ、中途半端な状態で解決策を決めつけることが多い。帚木氏はそれを「ポジティブ・ケイパビリティ」と呼ぶ。

世の中には多くの問題解決手法が出回っている。書店に行けば無数の問題解決本が並んでいて、多くの問題は簡単に解決できると謳っている。しかし、ビジネスはそれほど単純にはできていない。生身の人間や自然界を相手にしている以上、すべての戦略は仮説にすぎず、実行してみないことには結果がわからない。また、その結果にしても一朝一夕に出るものもあれば、環境問題のように時間が経過してから表出するものもある。

生成ＡＩの出現によって、人間には到底及ばないレベルでの構想ができるようになり、前提となる情報を与えれば瞬時に解決策を考えてもらえる時代が到来しつつある。**このような時代だからこそ、より長期的かつ広範な視点で問題を考えるネガティブ・ケイパビリティが重要になるのではないだろうか。**

本章では、生成ＡＩによって異結合の精度が飛躍的に上がる現代こそ、リアルな経験に基づく一般常識を身につけることが大切だということを解説した。また、本質的な問いは何なのか、解決策を本当に実行しても良いのかを判断するためにはネガティブ・ケイパビリティが重要になる。そして、ネガティブ・ケイパビリティを身につけるために必要なのが第5章で解説する思考実験なのである。

第3章 まとめ

- ■イノベーションとは無から何かを生み出すことではなく、異なる２つ以上の要素を組み合わせる「異結合」によって起きる。

- ■情報をいくらでも遠くから持ってくることができる生成ＡＩは異結合では人間より桁違いに優れる。

- ■デジタル革命が起きた結果として、世界中で類似の情報が拡散されて均質化が進んでいる。

- ■均質化が進んだ世界では、リアルな経験を通じ得たアナログな要素で差別化することが重要である。

- ■様々な問題解決手法や生成ＡＩによってあらゆる問題への解決策が示される時代こそ、いきなり問題を解決せずに長期的かつ広範な視点で問題を考えるネガティブ・ケイパビリティが重要になる。

第 4 章

思考をサポートするための
言語化能力を身につける

1 ウェブ会議で居場所がなくなったダメ上司

■ウェブ会議のフレーム拡張を求めるダメ上司

第４章では、一般教養と一般常識に加えて、これからの時代を生きていくために必要な基礎能力の１つである「言語化能力」について解説する。**次図のように、言語化能力は一般教養と一般常識の１つ下のレイヤーに位置している。**

正確に言語化する能力が不足していると、解像度が高い問いを立てることができないし、それを生成ＡＩに正しく伝えることもできない。また、生成ＡＩが出したアウトプットを正確に判断することもできない。つまり、言語化能力は、これからの時代に機能拡張で大活躍するために必須の力なのだ。

前述のとおり、コロナ禍中にウェブ会議が普及して、対面会議のようには威厳を保つことができなくなった上司が続出した。そして、それらの人たちはZoomやマイクロソフトに対して、役職順に画像が大きく、順番に表示されるような特別仕様を実装するように求めたそうだ。

なぜこのようなことが起きたのかというと、対面会議と比較して、ウェブ会議では伝達される情報が少ないからだ。対面であれば、相手が喜んでいたりイライラしていたりするこ

図 4-1　一般教養、一般常識、言語化能力の関係性

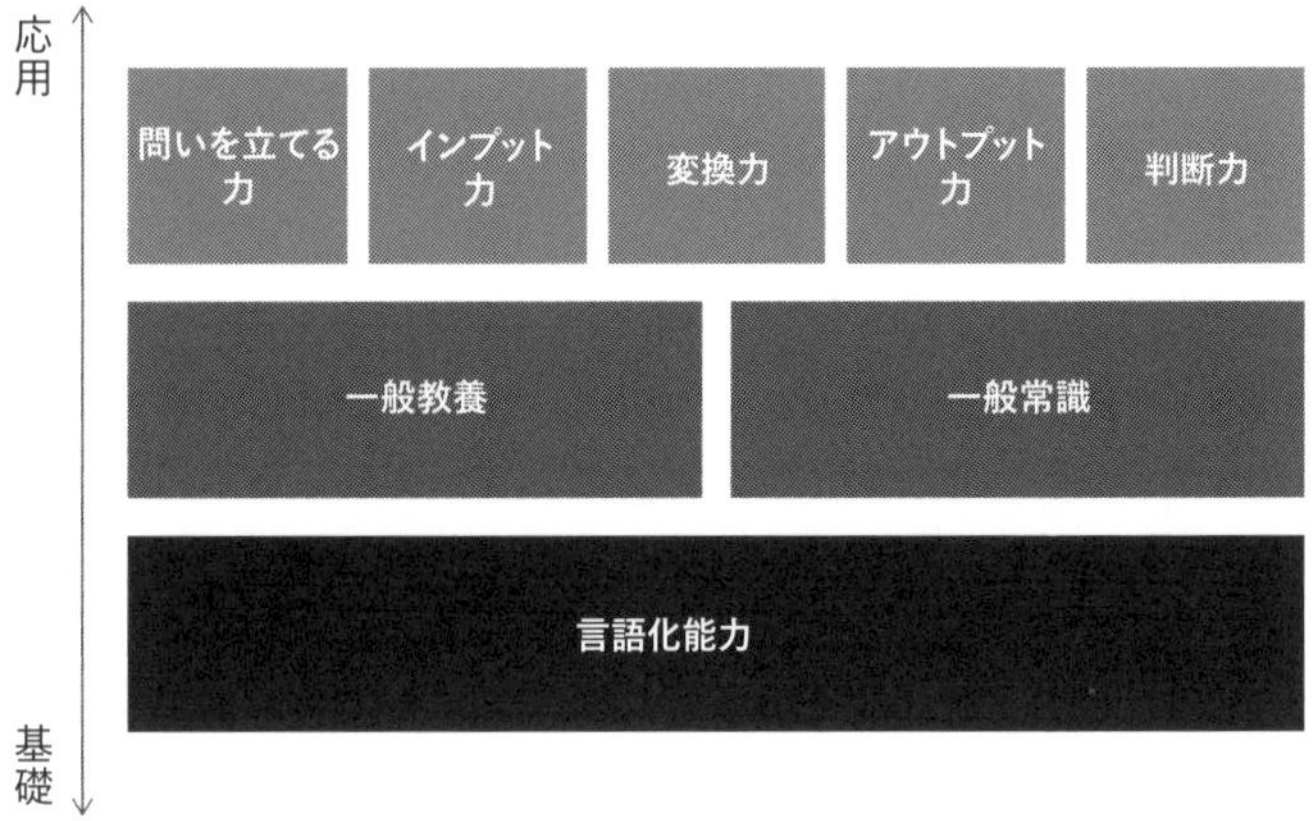

とが、言葉を介さなくても伝わってくる。しかし、ウェブ会議での解像度の低い画像や声色からでは、相手の心理状態を正確に把握することは難しい。

特に、上司や先輩を敬うよう訓練されてきた日本では、会議室で座る位置が決まった時点で発言力にも影響を与える。また、フリーアドレスが導入されていない企業の多くでは、役職の高い順に座席が配置されていることが多く、役職上位者のほうが発言力を持ちやすい仕組みが導入されている。

品質の高い製品を安く大量に製造して、世界中で販売することが至上命題だった時代には、この上意下達によって仕事を進めることが有効に機能した。ゴールが明確であれば、いかにしてそこにたどり着くかを考える「Ｈｏｗ」が重要となる。

しかし、後述するように、ゴールが不明確な現代では何をするかを考える「Ｗｈａｔ」の重要性が高まっている。この場合、上意下達ではうまくいかず、現場の情報を吸い上げることも重要になるのである。

■チャットのやり取りでは文字情報しか使えない

コミュニケーションツールの進化によって、私たちの意思伝達方法は変わってきた。

１８７６年に電話が発明されたことで、わざわざ会いに行ったり手紙を送ったりしなくても、リアルタイムに会話ができるようになった。

また、インターネットができたことで、コミュニケーションツールはさらなる進化を遂げることとなった。Ｅメールが誕生し、複数の相手に一度にメッセージやファイルを送付できるようになった。中間管理職が伝書鳩として情報を仲介しなくても、社長のメッセージを全社員が同じタイミングで受け取れるようになった。

さらに、ソーシャルメディアが進化したことで、より多くの人たちとカジュアルにコミュニケーションを取ることができるようになった。文字情報だけでなく、写真、動画を共有したり、リアルタイムでの通話をしたりすることもできるようになった。

次ページの図４－２で示したように、モバイル社会研究所の調査によると私たちが受け取る情報の源は、年々変化していることがわかる。そして、以前と比較すると、ＬＩＮＥなどのメッセンジャーアプリを含むソーシャルメディアの比率が増えていることが特徴だ。

たとえば、ある顧客との会話を、会食でするときとLINEでするときとで比較してみよう。五感で得られる情報を図4－3のように比較してみると、当たり前であるがLINEでテキストメッセージを送ったときは基本的には視覚でしか情報を得ることができない。一方、会食であれば、五感をフルに活用して情報を得ていることになる。

どちらが良いということではなく、その場面に合わせて使い分けをする必要があるのだ。些細な業務連絡のために毎回対面での会議を実施していては効率が悪いし、初対面での会話がLINEだった場合は、そこから信頼を

図 4-2　メディア利用率の推移

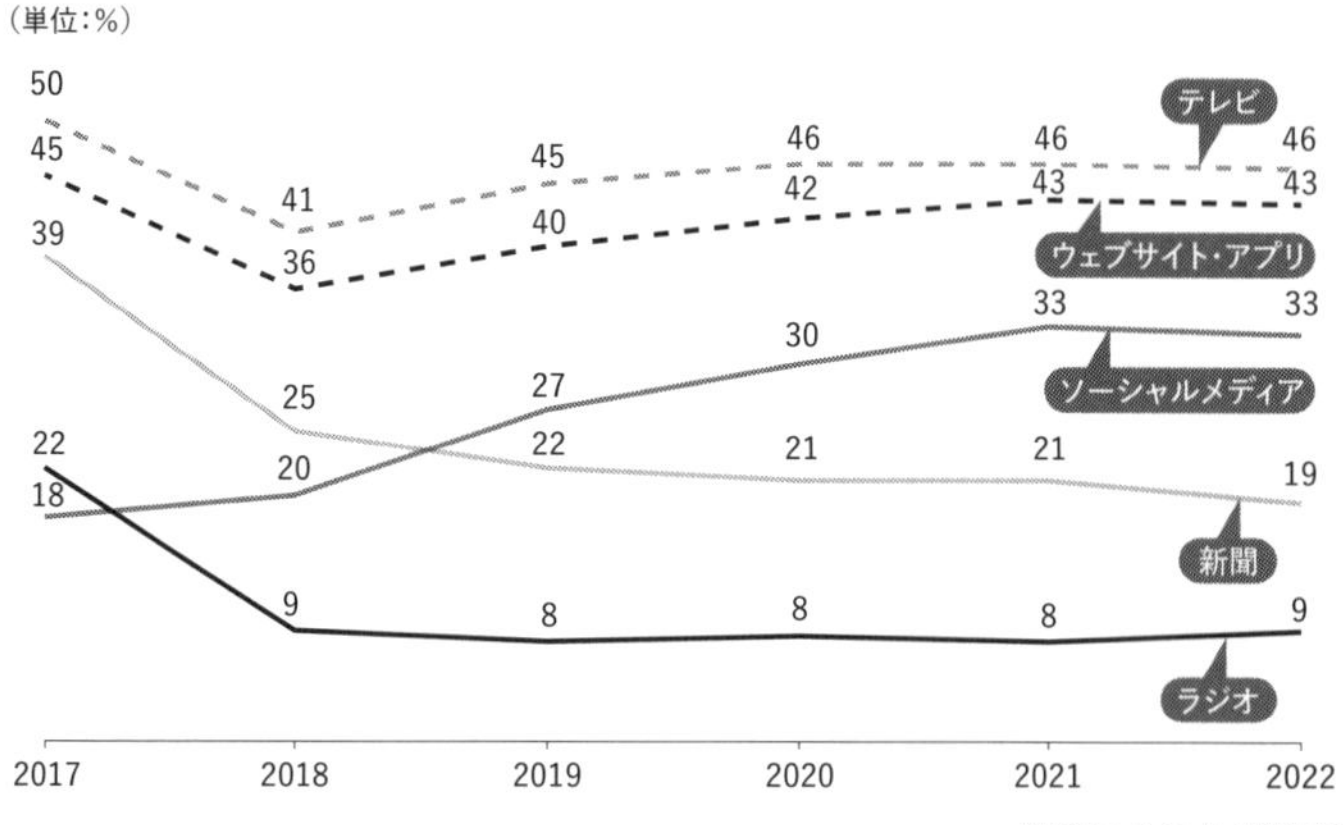

出所：モバイル社会研究所

築いて大きな取引につなげることは難しいかもしれない。

ここで重要なのは、文字情報でのやり取りが増えたことにより、短い文章をわかりやすく書くための技術が求められていることである。時間をかければ誰にでもわかりやすい文章が書けるというものではなく、わかりやすい文章を書くには練習が必要なのである。

■空気による支配はどんどんなくなる

コロナ禍をきっかけに、多くの日本の大学でもオンライン化の対応が進められてきた。教師も学生も場所を選ばずに講義を開催・受

図 4-3　会食とLINEで得られる情報

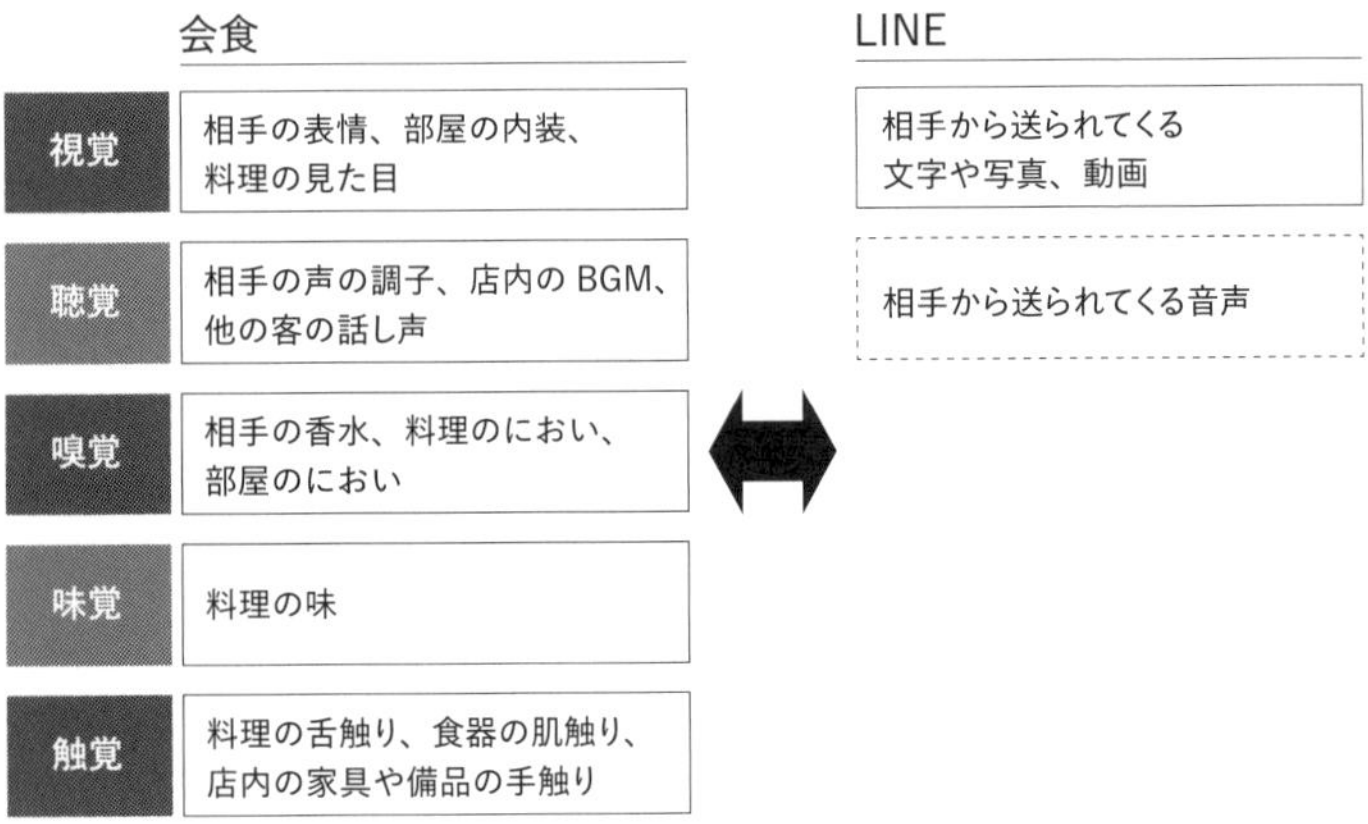

講することができるため、今のところの評判は良さそうだ。

一方で、海外の大学ではコロナ前からオンライン化が進んでいて、オンラインでしか利用できないシミュレーション機能やディスカッション用のプラットフォームなども独自に開発されている。

日本では、大前研一氏が1998年に創業したビジネス・ブレイクスルー（現Aoba－BBT）が創業以来オンラインでの授業を実施している。

ビジネス・ブレイクスルーの講座の一般的なスタイルは、エアキャンパスというオンラインプラットフォーム上で動画を視聴して、動画の内容に基づいたいくつかの質問に対する回答を、生徒が書き込む形式だ。各講座には経験を有するティーチング・アシスタントが配置されていて、生徒間での議論が活性化することを支援する。

私もいくつかの講座をサポートさせていただいたことがあるが、対面での議論よりもオンラインでのテキスト書き込みによる議論のほうが、難易度が高いと感じる受講生が多いようだ。対面での議論の場合、声が大きい人の意見が場を支配することが多い。また、反射的に回答する力が求められるため、議論の内容が必ずしも深まっているとは限らない。

それに対して、オンラインでの書き込みによる議論の場合、瞬発力は求められない一方で、他の生徒が書いた内容の真意を読み解き、それに対して意味のある回答をしなければならない。他の生徒に伝える手段は文字情報しかないため、できる限りわかりやすく、端的に表現する力が求められる。

仕事場のみならず、学習の場からも空気による支配はなくなりつつあるのだ。なお、機会は減るものの、重要な議論は今後も対面で実施され続けるだろう。しかし、オンラインで高いレベルの議論が繰り広げられる状況下では、対面での議論のレベルも同様に上がることだろう。

2 飲みニケーションがなくなっているのはコンプラ意識のせいではない

■かつては飲みニケーションで判断材料の質の低さを埋めていた

前述のとおり、かつて日本には飲みニケーションという文化があった。飲みニケーションは相手の要件定義を支援するために重要な役割を果たしていた。要は、顧客と関係を築いて顧客が欲しいものを定義することで、顧客の意思決定を支援していたということだ。

一方で、デジタル化が進んだことで情報の非対称性がなくなっていった。

たとえば、製薬会社のＭＲ（医薬情報担当者、Medical Representative）という仕事は医師や薬剤師のさまざまな支援をすることで信頼関係を築いて、医師や薬剤師に医薬品の情報提供をしつつニーズを把握してきた。しかし、医師や薬剤師がオンラインで医薬品に関する情報を自ら取得できるようになったため、個別の医師や薬剤師に張り付くMRの役割は相対的に低下した。

また、社内でもERP（企業資源計画）などの基幹システムが発達したり、ナレッジマネジメントの仕組みが整備されたりしたことで、部門ごとの役割が定義され、部門間での情報格差もなくなってきた。社内での飲みニケーションが減っているのは、コンプラ意識が高まっただけでなく、情報取得コストが低下したことにも起因しているのである。

■機能拡張によって判断材料の品質は高まっていく

情報の非対称性がなくなったことに加えて、生成ＡＩによる機能拡張は、さらなる判断材料の品質向上につながる。

ＭＲの例で言えば、薬機法の改正が必要になるかもしれないが、医師や薬剤師が医薬品を選定しなくても、生成ＡＩが選定してくれるようになる。社内の例では、過去に取得した知的財産がデータベース化されていれば、生成ＡＩが問題に合わせて知的財産を組み合わせ、解決策を考えてくれる。他社のデータベースと組み合わせればさらに品質の高い解決策を考えてくれるだろう。

■質の高い「問いの設定」と「判断」が求められるようになる

生成ＡＩによって判断材料の品質が高まるということは、より精度の高い判断が必要だということを意味する。なぜならば、情報の非対称性がなくなり、生成ＡＩによる異結合が普及してくると、生成ＡＩが提示した選択肢を判断する難易度が上がるからである。

人間による判断は、人間的な感覚では間違っているものを排除したり、アナログな好き嫌いで選択したりするところでの貢献に限定されるだろう。たとえば、生成ＡＩが会食の候補に2店舗選定した場合、自分がより楽しめる店がどちらか、店の雰囲気や店員の接客など、デジタル化しづらい領域の判断軸も明確に持っていなければならない。

また、問題解決力が飛躍的に上がるのであれば、どの問題を解くのかという問いの設定が大切になるのは言うまでもない。

3 言語化能力とは「具体と抽象」である

■人間の思考は言語による影響を受けている

私たちの思考は言語による影響を受けている。言語障害を抱える人や言語をまだ知らない新生児も思考をしているので、言語がなくても思考そのものはできるのだろうが、思考は使っている言語の種類や語彙量に影響されると考えられている。

ランカスター大学の言語学者、パノス・アサナソプロス氏は、“Two Languages, Two Minds: Flexible Cognitive Processing Driven by Language of Operation（2015）”の中で英語とドイツ語による現象のとらえ方の違いを解説している。

その研究では被験者に、自動車に向かって歩いている人物の動画を見せた。それを言語で表現させたところ、英語を母国語とする人たちの多くは「人が歩いている」と答えたのに対して、ドイツ語を母国語とする人たちの多くは「自動車に向かって歩いている人」の動画だと答えた。

アサナソプロス氏の解釈は、英語を母国語とする人は行為そのものに注意を集中させるのに対して、全体論的視点を持つドイツ語を母国語とする人は出来事を全体において考察するというものだ。

また、その研究では英語とドイツ語のバイリンガルに対しても同様の実験を行った。その結果として、被験者がその瞬間に使っていた言語によって事象のとらえ方が変わることが明らかになった。

バイリンガルの人たちがドイツ語を使っているときの回答は、ドイツ語を母国語とする人のものに近かった。また、その逆も同様の結果が得られた。さらに、実験の途中で使う言語を変えると、それに伴って回答が変わったという。

■言語化していない曖昧な考えに価値はない

野球の長嶋茂雄氏が選手を指導する際に「ピシっとして、パーンと打つ」というような擬声語を使っていたことは有名だ。松井秀喜選手は自身のバッティング技術の向上は長嶋氏の指導による影響が大きかったと公言していて、大リーグに移籍してからも長嶋氏の指導を受け続けていたとのことだ。

ビジネスにおいても「もっとグッとくる表現で」「ブワっとくるような図で」といった擬声語を使う人がいる。実際にそのような指導方法で成果を上げている人を見たことがあるし、感覚的なニュアンスや温度感を伝える上でも有効であることは否定しない。

多くの日本の組織は日本人が中心のモノカルチャーで形成される共同体のため、ハイコンテクストなコミュニケーションが成立している。阿吽の呼吸ができれば、いちいち言語化する必要もないため、オペレーションをこなすだけであれば効率的である。

一方で、機能拡張のためには、できるだけ正確に言語化することを推奨したい。なぜならば、ビジネスにおいて言語化ができないと、思考が解像度高く整理できず、ひいては相手に伝えることができないからである。

たとえば、出席した会議で「今年の新卒採用のパンフレットはA案とB案どちらがよいと思うか？」と質問されたとしよう。これに対して皆さんであればどのように回答するだろうか。

もし皆さんが「A案がシンプルでいいと思う」「B案がキャッチーでいいと思う」のような回答しかできないとすると、思考が解像度高くは整理されていないことを意味する。

それに対して「今年の新卒採用のターゲットは地方都市に住む理系の学生だ。A案は地方の学生が活躍していることが写真つきでわかりやすく表現されている。また、研究開発を強化する戦略も記載されているから理系人材に訴求しやすいのではないか」という回答ではどうだろう。

明らかに後者のほうが解像度高く整理されていて、相手にも伝わるだろう。

■高い言語化能力には「具体と抽象」が必要

後者がなぜ優れているのかをもう少し言語化してみよう。そもそも新卒採用のパンフレットは何のためにつくられるのだろうか。言うまでもないが、自社が欲しい人材に訴求して、採用するためである。いくらシンプルでも、キャッチーでも、目的を果たしていなければ意味がない。

優れた言語化のためには下図のように一度抽象化した上で具体的な言語に落とすことが重要である。前者の回答は、感覚的な良し悪しを具体の世界で回答しているに過ぎない。

図 4-4　具体と抽象の行き来

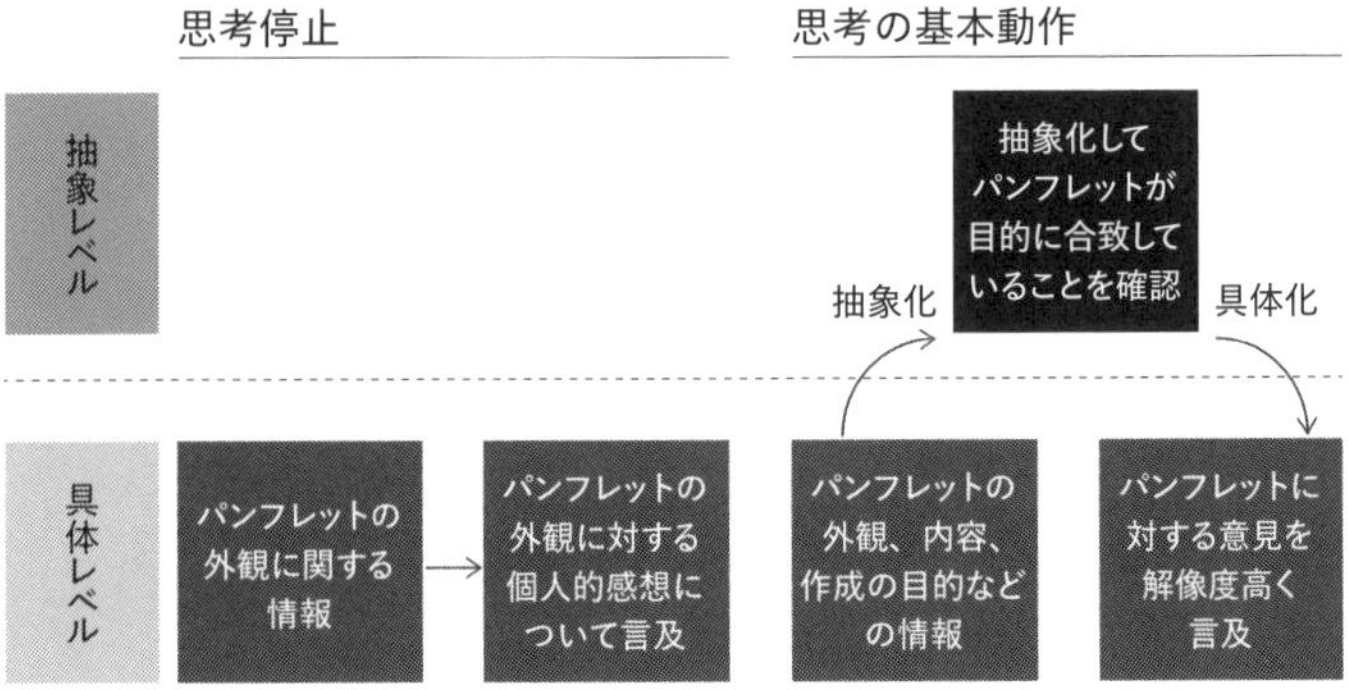

他の例として、歴史の勉強について考えてみよう。そもそも歴史は何のために学ぶのだろうか。たとえば「過去の成功や失敗、戦争や平和、発展や衰退を学ぶことで、現在や未来の決定を下す際に役立つ知識や洞察を得るため」や「他の文化や社会に対する理解と共感を深めるのを助け、より多様な世界観を持つことを可能にするため」などが考えられる。決して、「過去に起きた出来事の年号を覚えるため」ではない。

歴史を抽象化して学習している人は「ロシアによるウクライナ侵攻をどう考えるか」「北方領土問題をどうやって解決すべきか」に対して、過去の歴史から何が言えるかを解像度高く語ることができるだろう。一方、歴史を単なる暗記科目として多数の年号を記憶しているだけの人は、何も言語化できないだろう。

これは歴史に限った話ではなく、義務教育で学ぶすべての科目は具体と抽象、ひいては言語化能力を鍛えるために設計されているのである。これは本書で取り上げている一般常識を学ぶときにも意識すべきことである。

たとえば、10人の顧客に会って、それぞれから言われたことに個別対応していてはダメだ。10人の顧客が言ったことには何か共通点がないか、過去にも類似の事例はないかと抽象化して考える必要がある。そうすることで初めて、個別の事象が一般常識になるのである。

4 言語化能力はトレーニングで習得可能である

■具体的な事象を抽象化してから具体化する

前述のとおり、言語化能力に長けている人は、具体的な事象を抽象化してから具体化している。それに対して、言語化が苦手な人は、具体的な事象を具体的なまま解釈しようとする。

では、抽象化ができない人の特徴はなんだろうか。それはズバリ「具体的な事象の解像度が低い」ことである。

たとえば、皆さんが転職活動をしているとして、次の質問にどのように答えるだろうか。

「簡単にこれまでの経歴を紹介してもらえますか？」

すでに就業経験のある社会人の回答として、次のような回答はどうだろうか。

「私は新卒でA社に入社して営業を3年経験しました。その後、経営企画で2年間予算策定をしていました。B社に転職してからも経営企画で3年間予算策定をしていました。御社でもこれまでの経験を活かして、経営企画での勤務を希望しています」

皆さんが面接官だったとしたら、この候補者を採用したいと思うだろうか。このような問いに正解や不正解はないが、この回答では履歴書に記載されていること以上の情報は伝わらない。何が問題なのかというと、解像度の低い具体的な情報が、抽象化されずに具体的な状態のままで伝えられていることである。

改善するためには、解像度高くこれまでの経験を洗い出すことが必要である。たとえば、次のような内容である。

（A社）

- 新卒研修の最終プレゼンでは、最優秀チームとして表彰された
- 入社後配属された営業1課では、5社の顧客を先輩から引き継いだ
- 3年間で新たに20件の顧客を開拓して、2年目にはトップ営業として表彰された
- 3年目には新卒採用の面接官を頼まれ、100人程度の新卒の面談を実施した
- 営業部門では新人の教育担当を任され、人事部と連携して新たな教育プログラムの導入を進めた
- 社員旅行の幹事を依頼され、他部門のメンバー5人とともに初の海外旅行を企画した
- 経営企画に異動してからは、単なる部門予算の積み上げではなく、部門横断的な取り組みを含めた予算策定をした

（B社）

- B社にそれまで存在していなかった経営企画部門を1人で立ち上げた

- 各部門からメンバーを募り、経営企画部門を5人へと拡大した
- 各部門を巻き込んだ予算策定プロセスを設計した
- 予算策定プロセスをITシステムに落とし込んで属人性を排除した
- 予算策定の過程で浮上した案を基に新規事業を立ち上げた

このように解像度高く経験を洗い出していくことで、様々な特徴が見えてくるのではないか。たとえば、「他部門と連携する力に長けている」「新たな施策を実現する力に長けている」などである。

採用する側からすれば、時系列での出来事には必ずしも意味はなく、候補者がどのような特質を持っているか、それを自社で活かせるかが重要である。しかし、具体例の解像度を上げないことには、意味のある抽象化はできない。

■日本人は抽象化が苦手

私たち日本人の多くは、具体の世界で生きてきた。歴史の年表を暗記して質問には忠実

に回答し、英単語や文法を暗記して英文を和訳してきた。これはこれで大切な能力だし、実際、戦後に戦勝国がつくったルールに則って現場活動を徹底することで世界有数の経済大国へと発展を遂げた。

しかし、それでは変化の激しい現代を生きることはできない。ルールに則って実行する側ではなくルールをつくる側になる必要があるし、これまでにない新たなビジネスモデルを考えて既存プレイヤーと差別化しなくてはならない。

デジタル革命が起きて、誰にでもできることが増えたことは素晴らしいことだ。**また、生成AIを使えば、誰にでも一定の品質の解を出すことができる。だからこそ、自ら抽象化して差別化するための方法を考える必要があるのだ。**

抽象化するというと難しく感じるだろうが、実際に足りていないのは抽象化する具体事例の解像度なのである。前述の職務経歴の例でもわかるが、具体例をたくさん書き出せばそれだけで有意な抽象化ができるのである。

しかし、やってみればわかるが、これがなかなか難しい。日常的に言語化する練習を積んでいなければ、具体例をたくさん出そうと気合を入れるだけでは無理だ。具体的な例で考えてみよう。

「部門のチームビルディングのための合宿を設定しておいてもらえる？」

上司からこのように言われて、いきなり「じゃらん」に「エリア」「人数」「日付」などを入力してホテルを検索しているのだとしたら、ここから先を読み進めることで圧倒的に機能拡張できるようになるだろう。

職務経歴の例のように具体例の解像度を上げるにはどうすればよいのだろうか。1つの方法は、これまでの経験から考えられる「良い合宿」と「悪い合宿」について、できるだけたくさんの項目を書き出すことだ。ぜひ5分くらいかけて実際に書き出してみてほしい。

■毎日1回トレーニングすれば言語化能力は飛躍的に伸びる

書き出した結果はどうだっただろうか。初めてやってみて「良い合宿」と「悪い合宿」について10個ずつ書き出せたら上出来だろう。練習を積めばすぐに言語化能力が飛躍的に伸びることが期待できる。それぞれ10個未満だったとしても悲観することはない。毎日1回トレーニングすれば、1か月後には歴然とした変化が見られるだろう。

良い合宿と悪い合宿は、たとえば次のような内容で表現できる。

（良い合宿）

- 合宿地が駅から近く、移動が容易だったため、参加者から感謝された
- 合宿のしおりの完成度が高かったため、滞りなく全アクティビティを終えることができた
- アクティビティの選択肢を多く用意し、参加者の関心に合わせてプログラムを調整した
- 合宿地のスタッフが適切なタイミングでアクティビティの説明をしてくれた
- 事前に参加者のアレルギーや食べられない食材をヒアリングしていたので、食事の準備を適切に行えた
- チームビルディングのゲームで若手メンバーが積極的に参加し、雰囲気が盛り上がった
- 早めに活動を切り上げ、十分な休息時間を確保したため、参加者から好評だった
- 1か月以上前に日程を設定したため、良い合宿地の選択肢が豊富だった

- ユニークなクイズイベントを用意したことで、夜の懇親会が盛り上がった
- 食事がゆっくり提供され、リラックスして食事を楽しむことができた
- 合宿地への行き方を事前に明確に伝え、参加者の混乱を避けた
- 食事に合わせた飲み物の選択を事前に行ったので、飲み物選びに時間をかけずに済んだ

(悪い合宿)

- 合宿地が駅から遠く、参加者を長距離歩かせてしまった
- 隣の部屋の宿泊者がうるさく、集中して話し合うことができなかった
- 食事が一度にたくさん出てきたため、食べることに追われた
- ドリンクの種類が少なく、一部の参加者が不満を持った
- 日程の設定がスムーズに行えず、参加者のスケジュール調整に支障をきたした
- 参加者の事情を考慮せず、忙しい時期に合宿を設定してしまった
- 雨が降ることを想定していなかったので、雨天時に実施できないアクティビティがあった

・不十分な事前調査により、必要な設備が不足していた
・スケジュールが詰まりすぎていて、十分な休息時間が取れなかった
・喫煙する参加者を考慮せず、喫煙場所がない合宿地を選んでしまった

このように過去を振り返ってみると、ホテルの選定以外にも「日時の設定」や「アクティビティの設計」などの検討が必要なことが分かる。ホテルの選定にしても「エリア」「人数」「日付」だけでなく、「ホテルの設備」や「喫煙室の有無」などの要素も重要だ。

このように言語化することで、検討領域の「広さ」や「深さ」に違いを出すことができる。多くの新たな判断軸を洗い出した上でそれらに優先順位をつければ、より良い「問いの設定」をすることができ、また、判断軸が明確なので、より精度の高い「判断」をすることができる。

決して「誰も泊まったことのないホテルを探してほしい」「日本で一番評価が良く、コスパの高いホテルを探してほしい」という問いを立ててはいけない。合宿の目的が「部門メンバーのチームビルディング」というものである以上、そのための独自の要素が言語化されていなければいけない。

勘のいい読者は気づいていると思うが、言語化能力を高めることは一般教養や一般常識の習得に直接役立つ。解像度高く言語化する力を持っていれば、江戸時代は単なる年号の羅列ではなく、安定した一時代を築くための要素に抽象化して記憶することができる。また、お客さんとの間で過去に起きたトラブルを原因ごとに抽象化して整理しておけば、より良い対策を打てるようになるだろう。

次章では「思考実験」という方法を使ったトレーニングについて具体的に紹介する。その方法を理解して、毎日トレーニングを積めば、誰でも生成ＡＩを使って機能拡張できるようになる。

第4章 まとめ

- メディアが発達して対面以外でのコミュニケーションが増えた結果、空気による支配よりも優れたコンテンツをつくることが重要になっている。

- 情報のデジタル化が進んだことによって情報の非対称性がなくなっているため、質の高い問いの設定と判断が求められるようになっている。

- 思考に大きな影響を与える言語化能力とは「具体と抽象」の能力である。

- 言語化能力はトレーニングによって習得可能である。

- 言語化能力を高めることで、一般教養と一般常識の習得に直接役に立つ。

第 5 章

思考実験を習慣化する

1 思考実験とは何か？

■機能拡張をする上で重要な5つのポイント

本章では、思考実験という方法を使って、機能拡張するための基礎能力を鍛える方法について解説する。思考実験の話に入る前に、これまでに説明したポイントをまとめておこう。

・「インプット」「変換」「アウトプット」はコモディティ化する

仕事は「問いを立てる」「インプット」「変換」「アウトプット」「判断」の5つのプロセスに分けることができる。すでにデジタル技術によって「インプット」「変換」「アウトプット」の多くが自動化されているが、生成ＡＩの登場によってさらなるコモディティ化が進むことが予想される。

「インプット」「変換」「アウトプット」に従事している人たちがある日突然失職することはないが、すでに多くの業界で散見されるように、報酬は急激に低下することが予想される。

・「問いを立てる」「判断」で差別化すべき

精度の高いアウトプットが量産される時代において人間が価値を出せるのは、仕事の最初と最後のプロセスである「問いを立てる」と「判断」に限定される。新たな切り口から問いを立てることができれば、それを生成ＡＩによって増幅して圧倒的な価値を生むことができるようになる。

・生成ＡＩを使って「一般教養」を身につける

「問いを立てる」と「判断」で差別化するには「一般教養」と「一般常識」、そしてそのベースとなる「言語化能力」を身につける必要がある。なぜならば、人間は知っているものしか見えないし、構想することができないからである。

「一般教養」とは教科書に載っている形式知化された知識を指す。業界や専門領域の垣根がなくなりつつある現代においては、幅広い一般教養を生成ＡＩの力を使って学ぶことが重要である。

・リアルな経験で「一般常識」を身につける

時代が変わってもビジネスの相手が生身の人間である以上、リアルな経験に基づいて身につけた「一般常識」の価値が高まる。特に、あらゆる問題に対する解決策の精度が高まる現代においては、その問題を本当に解いてよいのかどうかを考え続けるネガティブ・ケイパビリティを身につけることが重要だ。

・思考のベースとなる「言語化能力」を身につける

教科書をただ丸暗記して、さまざまなリアル経験を積むだけでは、意味のある形で一般教養や一般常識を身につけることはできない。これらと並行して言語化能力を意識的に高めることで、物事を解像度高く理解して、抽象化した上で一般教養や一般常識として身につけることができる。そして、言語化能力を高めて、同時に一般教養や一般常識を身につけるために最適なのが思考実験なのだ。

■思考実験とは思考の中だけで実験すること

皆さんは本書を読む前に「思考実験」という言葉を聞いたことがあるだろうか。日本では「白熱教室」で一世を風靡したハーバード大学のマイケル・サンデル教授が「トロッコ問題」という思考実験を紹介したことで一般にも知られるようになった。

トロッコ問題とは次の問題である。

制御不能になったトロッコが、猛烈なスピードで走っています。疾走するトロッコの先には、線路工事をしている作業員が5人います。

運転士であるあなたは、左側の待避線にトロッコの進路を変更できます。そうすれば5人の命を助けられます。しかし待避線には1人の作業員が工事をしていて、今度は彼がトロッコにひかれて命を失うことになるでしょう。

あなたなら待避線に入り、1人を犠牲にして5人を助けるでしょうか。それとも待避線には入らず、5人の命を奪うでしょうか。

トロッコ問題には複数の応用問題がある。「トロッコの先にいるのが5頭の牛だったらどうか」「あなたは無人の暴走するトロッコを橋の上から眺めていて、1人の太った人間を橋から突き落とせばトロッコを止められる」のような、前提を変えたものだ。

トロッコ問題を初めて見た人も、過去に考えたことがある人も、ぜひ考えてみてほしい。「命は大切である」という命題に対して異議を唱える人はあまりいないだろうが、「1人の命と5人の命はどちらが重いか」「5人を助けるために1人を殺すのは正しいのか」「人間の命と動物の命はどちらが重いのか」という問いを考えるには、より解像度高く言語化して思考する必要がある。

トロッコ問題のような思考実験からはさまざまな学びがあるが、本書の主旨に沿って思考実験する意義を整理するとこのようになる。

「解像度高く言語化する能力を高め、効果的に一般教養と一般常識を身につけること」

■私たちは日常的に思考実験をしている

トロッコ問題を実際に解いてみて難しく感じた人もいるだろう。確かにトロッコ問題は人の命について考えるという究極のシチュエーションを取り上げているため、簡単に答えが出せるものではない。明確な答えが出ない中で考え続けることが要求されるため、ネガティブ・ケイパビリティを養うには適した問題だろう。

しかし、トロッコ問題のシチュエーションほど究極ではないにしろ、私たちは日常的に思考実験を繰り返している。

たとえば、「新卒時代から10年間お世話になっているA社を退職して、1割以上高い年収を保証してくれている競合のB社に転職すべきか」というシチュエーションはどうだろうか。今の会社に残った場合と転職した場合を比較して、いろいろと次のような思考実験をするのではないか。

・A社に残った場合、5年後の年収は〇百万円になることが高い確率で予想される。それに対して、短期的には年収が増えるもののB社に転職して成果を出せなかったら、それよりも低くなるかもしれない
・A社には人間的に尊敬できる人たちが多いため、働く上であまりストレスを感じることがない。面談で会ったB社の人たちは優秀そうだが、人間的な魅力を感じなかったため、ストレスが増えるのではないか
・A社は通勤に片道2時間かかるが、B社は片道1時間なので、家族との時間が増えるし、社会人大学院に通うこともできるかもしれない

あるいは、自分1人では判断できず、相談した家族や友人からはこのようなアドバイスが得られたとしよう。

・収入が上がるのであれば迷わずに転職すべき。私は過去に3回転職したが、そのたびに収入が増えた結果に満足している（大学の友人）
・新卒で入社したA社の仲間は家族と同じ。それを捨てるという行動は理解できない

（A社の同期）
- 転職自体に反対はしないが、競合のB社に転職するというのは信義則違反だ。競合ではない会社への転職を考えるべき（大学の先輩）
- 子供の中学受験が控えているタイミングでの転職は考えられない。せめて中学受験が終わってからにしてほしい（配偶者）
- 30代後半になってからの転職は難しい。このチャンスを逃すべきではない（転職エージェント）

自分1人では答えを出すことができず、周囲の人たちに相談したら考えてもみなかった観点からのアドバイスをもらい、より収拾がつかなくなった経験はないだろうか。この転職の問題にしても、全員が異なる観点でアドバイスをしているため、より多くの人たちに話を聞けば、新たな観点がさらに増えて判断は難しくなる。

自分自身の問題なので、何も考えずに多数決や誰か1人の意見にゆだねることはできない。そのようにするとしても、多数決で決める、あるいは誰か1人の意見に従うという判断を自分自身でしないといけない。

このように、私たちは日常的に思考実験をしている。それにもかかわらず多くの問題に答えを出すことが難しいのはなぜだろうか。その理由は2つある。

まず、私たちが日常的に解かなくてはいけない問題には、多くの場合唯一解がないということである。

「どの会社に就職するか」「誰と結婚するか」といった人生に与えるインパクトの大きい問題から、「今日着ていく服を何にするか」「今日の昼食をどこで食べるか」といった日常的な問題まで、よほどの制約条件が設定されていない限り唯一解は存在しない。これは唯一解や模範解答が用意されている学校の試験問題とは大きく異なる。

たまたま味が嗜好に合わないレストランで昼食を取ってしまっても、昼食を取る機会は翌日以降もやってくる。しかし、就職先となるとそうはいかない。もちろん理論上は何度でも転職を繰り返すことはできるが、毎年転職を繰り返すような状況は決して理想的とはいえない。

江戸時代のように生まれながらにして身分や職業が決まっていて、結婚相手も親によって決められていた時代と現代は異なる。そのような時代と比較すると住む場所や食事、娯楽などの選択肢は圧倒的に増えた。そのどちらが人間にとって望ましいかという議論ではなく、私たちが自由を手に入れた結果として、自ら多くの選択をしなくてはいけなくなったことを認識しないといけない。

次に、私たちは唯一解が存在しない問題を解くためのトレーニングを十分に受けていないことが挙げられる。

学校で教えられるのは、唯一解や模範解答がある問題を解くための技術である。もちろん日本でも義務教育の学習指導要領は見直されているし、インターナショナルバカロレアのように教科書を使わないで教えるプログラムも普及してきた。しかし、中学受験、高校受験、そして大学受験に照準を合わせた教育では、唯一解がない問題に対する考え方を十分に教えているとはいえないだろう。

では、世の中に多く普及している問題解決に関する書籍や講座はどうだろうか。問題解決のためのフレームワークなどが広まること自体は素晴らしいことだが、受験勉強の延長で、世の中のあらゆる問題には解が存在しているという誤解につながっているケースが多く見受けられる。

本書が生成AIを効果的に使うためのプロンプトや安易な問題解決手法について触れていないのも、このような理由からである。**誰でも知っていれば使えるプロンプトや問題解**

決手法を使っても差別化することはできない。それよりも、独自の問いを立てて、出てきた答えを判断するための基礎能力を身につけることの方が本質だ。

■意識的に思考実験することで基礎能力を鍛えることができる

前述のとおり現代は判断における自由度が高まっているが、一方で判断に影響を及ぼす情報も増えている。

たとえば、Amazonを開くと過去の閲覧・購買履歴を基にした「おすすめ本」を提案される。その書籍を購入しようとすると「よく一緒に購入されている商品」が提案され、セット購入を推奨される。リアルな書店では、よほどの常連客でない限りこのような顧客別のサービスは受けられないだろう。

同様に、SNSを開けばインフルエンサーや友人が投稿しているレストランのメニューが気になってしまう。また、YouTubeやNetflix、ニュースアプリやゲームアプリから多数のプッシュ通知が表示される。皆さんにもYouTubeやNetflixを観ていたら、あっという間に何時間も経っていたという経験があるのではないだろうか。

このように現代では、スマホやタブレットなどの端末を通して私たちの思考は大きく影響を受けている。かつてのように民放や新聞、雑誌などが主な情報源だった時代と比較すると、パーソナライズされた情報を分単位で受け取ることによる影響は計り知れない。

だからこそ、意識的に一般教養、一般常識、そして言語化能力といった基礎能力を鍛え続ける必要があるのである。そして、そのための最適な手法が本書で紹介する思考実験なのだ。

2 思考実験をする上での4ステップ

■ステップ1：問いの抽象化

では、思考実験をする上での4つのステップについて解説しよう。

ステップ1は、問いを抽象化することである。たとえば、前述の「新卒時代から10年間お世話になったA社を退職して、1割以上高い年収を保証してくれている競合のB社に転職すべきか」というのが解くべき問いなのだろうか。

もちろん、現在A社に勤務していて、B社からのオファーをもらっている現状だけを見れば、「A社かB社か」というのが問いのように見える。しかし、その問いに自分なりの答えを出すためには、何のために「A社かB社か」を解こうとしているかを考えなくてはならない。

それはたとえば、より良い職場環境を求めているからだろう。その場合、自分なりの良い職場が何かを考えることが必要だと気づく。ここで解くべき問いとは「私にとっての良い就職先と悪い就職先とは何か」となるのである。

■ステップ2：解像度の高い具体事例の書き出し

ステップ2は、解像度の高い具体事例を書き出すことである。思考実験のポイントは、できるだけ解像度高く自分の考えを理解することなので、頭の中だけで中途半端に実施しても効果は出にくい。

私はA4の紙に次ページの図のように手書きで書き出すことをお勧めしているが、皆さんのやりやすいようにパソコンでWordやマインドマップ作成ツールを使っても、スマホのメモ帳を使っても構わない。

では実際に「私にとっての良い就職先と悪い就職先とは何か」を具体的に書き出してみよう。人間は時間的な制約があったほうが集中しやすいので、3分間でできるだけ多く書き出してみてほしい。内容が重複していてもレベル感がそろっていなくても構わないので、次のようにできるだけ具体的に書き出すことを意識しよう。

（良い就職先）
・社内の尊敬できる先輩が、困っているときにやさしく教えてくれた
・ピリッとした緊張感があって、全社員が真剣に仕事をしていた
・議論をしているときには白熱することが

図 5-1　解像度の高い具体事例の書き出し

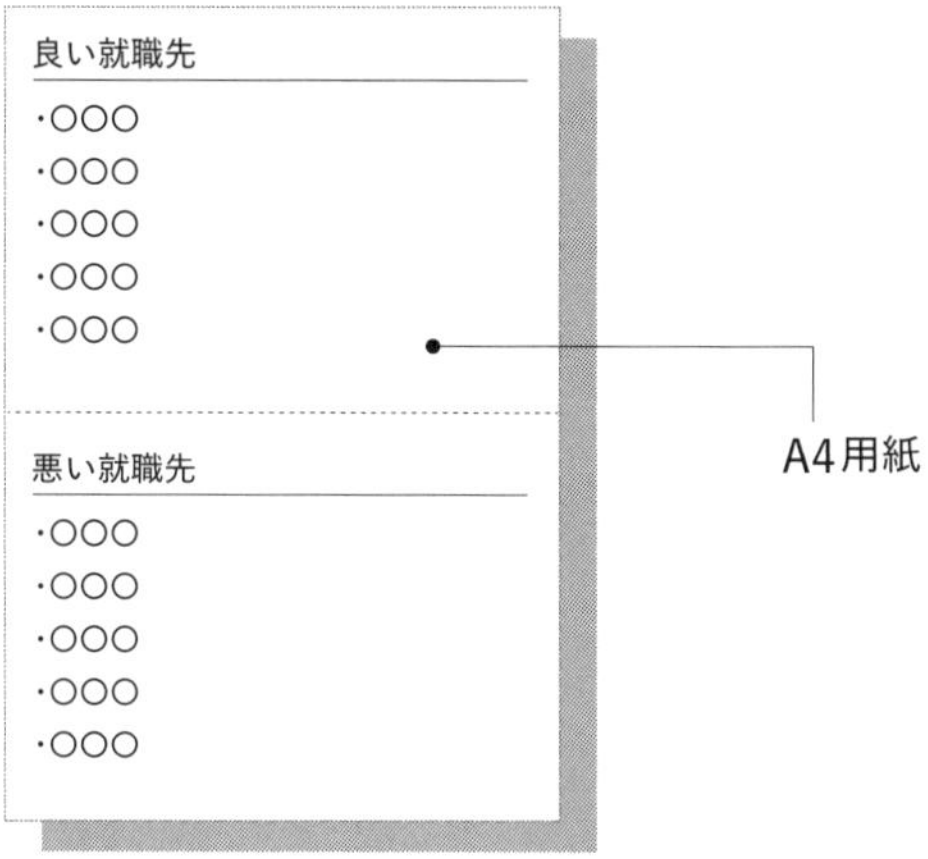

多いが、答えを出すことにみな真剣に向き合っていた
- 自分自身の貢献によって売上が増えて、その結果として報酬が増えた
- カフェテリアでランチを食べているときに、他部署の人たちからいろいろな話を聞くことができた

（悪い就職先）
- なんの理由も告げられないまま、突然異動が発表された
- お客さんのためを思ってやったことを、上司から頭ごなしに否定された
- 自分がゼロから立ち上げて進めていたプロジェクトが軌道に乗ったら、上司の手柄になって後にプロジェクトから外された
- チームメンバーが直接は思ったことを言わず、相手がいないところで陰口ばかり言っていた
- 激しい飲み会が開催され、その場は盛り上がるが、翌日になると殺伐とした雰囲気に戻っていた

繰り返しになるが、「給与が良い」「風通しが良い」「雰囲気が悪い」などのようにキーワードを並べるのではなく、できるだけ当時の感情を思い出しながら具体的に文章で書き出すようにしよう。

■ステップ3：判断軸の設定

ステップ3では、ステップ2で書き出した具体的な事例を基にして判断軸を設定する。

書き出された具体的な事例を基に考えると、単に給与が良かったり、勤務時間が短かったりといった定量化できる判断軸ではなく、仕事を進める上でのチームワークや成果がちゃんと測定されて評価につながっていることなどを重視していることがわかる。

私たちは日常的に何気なく洋服やカフェ、読む本や課外活動を選択しているが、それらのプロセスを言語化する機会はあまりないのではないだろうか。だからこそ、トレーニングを積んで言語化する能力が高まれば、より納得性の高いインプットやアウトプットをすることができる。

たとえば、ビジネスをしている中で起きた出来事や本を読んで得た情報を、個別の事象としてではなく、それらを紐づけて抽象化して記憶することができるのだ。そうすれば、必要なときに解凍して取り出すことができる。

■ステップ4：問いの再設定

ステップ4では、当初立てた問いを再設定してみよう。

当初の問いは「新卒時代から10年間お世話になったA社を退職して、1割以上高い年収を保証してくれている競合のB社に転職すべきか」というものだった。これをステップ1からステップ3までの結果を基に再設定すると、たとえばこのようなものになる。

「A社とB社では、どちらがより仕事を進める上でのチームワークが重視されていて、自分の出した成果がちゃんと測定されて評価につながるだろうか」

A社ではすでに10年間働いているので、A社でどの程度チームワークが重視されているか、自分の出した成果がちゃんと測定されて評価につながっているかはわかるだろう。

それに対して、まだ働いたことがない未知のB社においての判断は難しい。人材紹介会社や先輩社員にヒアリングしたり、インターネット上の評判などを調べたりすることも必要だろう。しかし、情報収集の方向性がわかっているので、比較的容易に情報を集めて思考実験することができる。

その結果として、A社ですでに満足していることがわかるかもしれない。あるいは、A社でもB社でも満足することができないと気づくこともあるだろう。そうすれば、選択肢からA社とB社を外して、これまでに候補に挙がっていなかったC社を探すことができる。

3 思考実験の例題

本節では例題を使って、４つのステップへの理解をもう少し深めてみよう。ぜひ、解答例を見る前に、自分事として手を動かして考えてみてほしい。

前節ではA社に残るかB社に残るかという選択肢の中から自分なりの解を出すというものだったが、次で取り上げるのは選択肢が与えられていない問いだ。

「過疎化が進む地方都市の活性化のために、どのようなイベントホールを建設すべきか？」

■ステップ１：問いの抽象化

まず、この問いが十分に抽象化されているかを考えてみよう。そのためには、問いに対しての解を出してみるとわかりやすい。
この場合だと、次のような解が考えられる。

・他の地方都市ではラーメン博物館をつくって街が活性化したと聞いた。食をテーマにしたらどうか
・高齢者でも不自由なく使えるように、バリアフリーのイベントホールがいいと思う
・街全体の既婚率を上昇させるために、結婚式に適した設計をしたほうが良いのではないか
・イベントホールが盛り上がるためにはアクセスが重要だ。交通の便が良いところにつくったほうが良い
・うちの街からはスタートアップが出ていない。起業家のための低価格のシェアオフィスを併設したらどうだろう

このような意見を出し合ったらどうなるだろうか。住民100人を集めて数百個の案が集まったとして、それらをまとめるのは至難の業だろう。なぜならば、判断軸、あるいは

コンセプトがないので、それらの案の良し悪しを判断できないからである。

著名人をたくさん集めた有識者会議などを実施しても大した構想が出来上がらないのは、目的や方向性が決まっていないからである。だからといって、抽象的なコンセプトから入っても言葉遊びで終わってしまう。このようなときには、問いを抽象化して、具体的な事例を書き出すことだ。

この場合の抽象化した問いは、たとえばこのようなものになる。

「活性化している地方都市と活性化していない地方都市とは何か？」

図 5-2　問いの抽象化

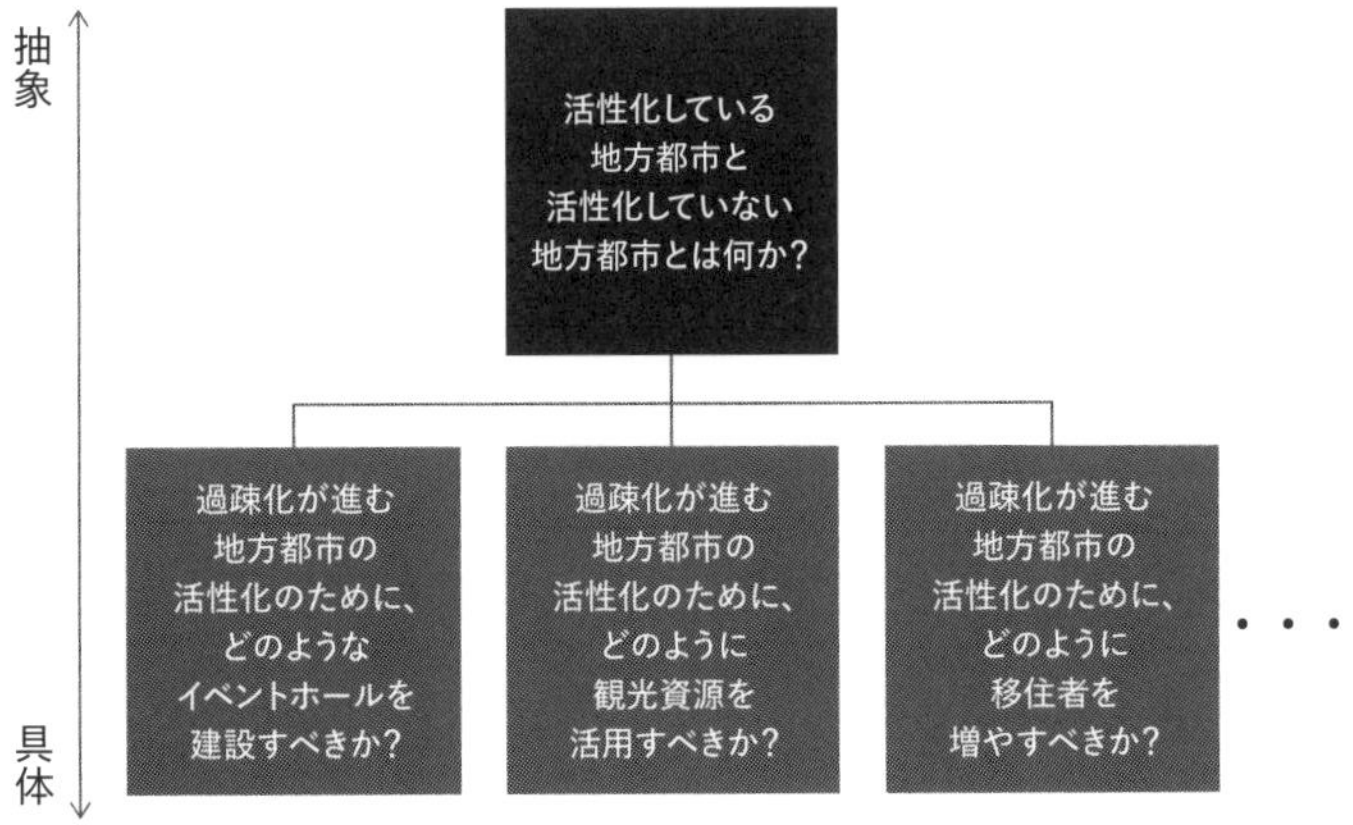

図5－2のように整理してみると、問いが一段階抽象化されたことがわかるだろう。**このように、問いを抽象化する際には、今のレベルよりもさらにもう一段階抽象化するということを意識しよう。**

■ステップ2：解像度の高い具体事例の書き出し

次は同じように、A4用紙を使って、3分間でできるだけ多くの具体的な事例を書き出してみよう。

（活性化している地方都市）

- 将棋大会を実施したときには老若男女問わず集まって交流でき、その盛り上がりで町の将棋教室が復活した
- 有志を募って10年ぶりにお祭りを実施したところ、他の都市からも人が集まり、その後定期的に開催されるようになった
- 空き家を改装して高齢者や障害者のための施設を建設したところ、県外からの住人が

増えた

- 豊富な森林資源を有効活用するために企業誘致を実施したら、全国からスタートアップが集まった

(活性化していない地方都市)

- これまで地域の経験者にお願いしていたバスケットボール部の指導を民間にアウトソースしたら、部員が急減した
- 大型ショッピングモールを誘致したところ、商店街のシャッター街化が加速した
- 街コン業者に頼んで街コンを実施したが、あまり盛り上がらないまま立ち消えになってしまった
- 30年前に建設された新興住宅地の住人が高齢化し、空き家も増えて活気がなくなった

■ステップ3：判断軸の設定

ステップ2で書き出した結果を見てみると、活性化している事例では「人が集まって継

続的な活動になっている」ことがわかるだろう。ただ単にハコモノをつくったり、一過性のイベントを実施したりするだけでは、地方都市が活性化していない。

■ステップ4：問いの再設定

最後に、問いを再設定してみよう。もともとは「過疎化が進む地方都市の活性化のためにどのようなイベントホールを建設すべきか？」という問いだったが、ステップ1からステップ3を踏まえて考えると、イベントホールという案にこだわる必要はなさそうだ。たとえばこのような問いではどうだろうか。

「地方都市に人が集まり、継続的な活動につながるような施策は何か？」

もしイベントホールの建設をすることが決まっているのであれば、このような問いでも良いだろう。

「地方都市に人が集まり、継続的な活動につなげるには、イベントホールにどのような機能が必要か？」

改めて設定した問いを基に思考実験を繰り返していけば、より精度の高い解を得られるだろう。自分の中での判断軸を設定した後は、有識者を呼んだり、世界中の成功事例を知っている生成ＡＩを使ったりして機能拡張をすることができる。

ただ、繰り返しになるが、思考実験はあくまでトレーニングのための手法であり、このステップを覚えればすぐに機能拡張の達人になれるわけではない。**何度も繰り返し練習することで、言語化能力が高まり、蓄積される一般教養と一般常識の質も高まるのである。**

4 思考実験の練習問題30問

❶ 大企業とスタートアップ、どちらに就職するか？

❷ 地方と都心、どちらに住むか？

❸ 成果が出ない部下を降格させるか、支援するか？

❹ 副社長の派閥に属するか、独立を保つか？

❺ 環境に悪影響を及ぼすが利益の大きい事業に投資するか、環境に優しいが利益は少ない事業に投資するか？

❻ 遠隔地で夢だった仕事を受けるか、地元で安定した仕事を続けるか？

❼ チームの和を乱す才能ある新入社員を雇うか？

❽ 効率向上のために自動化を進め、人の仕事を削減するか？

❾ 利益を犠牲にして社会的責任を果たすか？

❿ 価値観に反する仕事をするか？

⓫ 会社の文化を変えるために、不人気な決定を下すか？

⓬ 既存の製品ラインを犠牲にして新製品に投資するか？

⓭ 職場の不正行為を内部告発するか？

⓮ 会社のために個人的な健康を犠牲にするか？

⓯ 職場での多様性を高めるために採用基準を見直すか？

⓰ 競争相手の不正を公にするか？

⓱ 倫理的に問題のあるクライアントと契約するか？

⓲ 自社製品の環境への影響を無視して市場シェアを拡大するか？

⓳ 限られた予算の中で最大の社会的インパクトを生むために、どのような地域コミュニティプロジェクトに投資すべきか？

⓴ 環境問題に対処するために、企業はどのような持続可能なビジネスモデルを採用すべきか？

㉑ キャリアアップのために海外赴任のオファーを受けたが、それによって家族と離れ離れになる場合、どのように決断するか？

㉒ 新製品を市場に導入する際に、消費者の信頼を得るためにどのようなマーケティング戦略を用いるべきか？

㉓ 効率的な遠隔勤務システムを構築するために、企業はどのような技術と管理体制を採用すべきか？

㉔ 地域社会との関係を改善するために、企業はどのような地域貢献活動に取り組むべきか？

㉕ 組織の柔軟性を高めるために、リーダーシップチームはどのような変革を推進すべきか？

㉖ テクノロジーの急速な進化に伴い各職業の未来が不確実になる中で、キャリア開発

においてどのようなスキルや知識を優先すべきか？

㉗会社が大きな財政的危機に直面した場合、従業員の給与を削減するか、一部の従業員を解雇するか、どのようにして危機を乗り越えるべきか？

㉘新型ウイルスの大流行が起こった場合、公衆の安全を最優先にするか、経済活動の継続を優先するか？

㉙重要なプロジェクトが期限内に完成しそうにないとき、品質を犠牲にしてでも期限を守るか、品質保持のため納期を延長するか？

㉚企業が社会的責任を果たすためには、どのような環境保護活動に投資し、参加すべきか？

第5章 まとめ

■ 思考実験のトレーニングを積むことで機能拡張のために必要な「一般教養」「一般常識」「言語化能力」を高めることができる。

■ マイケル・サンデル教授の「トロッコ問題」で有名になった思考実験とは思考の中だけで実験すること。

■ 私たちは日常的に思考実験をしているが、多くの場合唯一解がなく、そうした問題を解くための訓練を意識的に積むことが重要。

■ 思考実験には「問いの抽象化」「解像度の高い具体事例の書き出し」「判断軸の設定」「問いの再設定」という4つのステップがある。

終　章

機能拡張を実装する

1 アジャイルにいろいろ試行する

■機能拡張は誰でもすぐに実行できる

第5章までで機能拡張するための基礎能力である一般教養と一般常識、そのベースとなる言語化能力、さらにそれらを強化するための思考実験について解説してきた。このように聞くと、これらの能力が身につかない限り機能拡張はできないととらえてしまった人もいるだろう。

心配しなくてもいい。決してそのようなことはなく、**機能拡張は誰でも、今すぐにでも実行できることなのだ。**むしろ、目の前の問題を解決することで、これらの能力を身につけることができる。

終章では、機能拡張を実装するための具体的な方法について考えてみよう。

私たちは義務教育の中で、教師からインプットされたものをアウトプットすることを教わってきた。それは高等教育でも、社会に出てからも同様だろう。企業はパーパスを設定し、さまざまな制度を設けることで従業員を枠にはめ込む。社会は多様性の形を勝手に決めつけることで、マイノリティがそれに従うことを強いる。

私たちが社会性の中で生きている以上一定のルールは必要だし、企業が長期的に利益を出し続けるには、決められたアウトプットを出すことができる人材が不可欠なのは疑いようがない。特に工業化社会においては、投入した資源からできるだけ多くの生産高を得ることが極めて大切な尺度として存在していた。

しかし、本書で再三述べてきたように、デジタル技術の発展によってその前提は大きく変わった。工場は自動化され、経理業務などのルーチンはシステムに置き換えられてきた。すでに中国では無人タクシーが公道を走るようになり、それが世界中に普及するのは時間の問題だろう。

このように、人間が実施することが前提で設計された業務や社会の仕組みは、今後大きく変わる。そのような世の中で何も考えずに生きていては、スマホから発信されるパーソナライズされたプッシュ通知に従って知らず知らずのうちに時間と資金を消費するだけの人生を過ごすことになるだろう。

それを避けるには、今すぐ機能拡張することによって人間らしく生きるという意思決定をする必要がある。なぜならば、機能拡張は誰にでもすぐにできるからだ。

■実践すれば能力は身につく

経営コンサルタントとして駆け出しのころ、当時の上司から次のように言われたことがある。

「社長になりたければ、一日も早く社長になることだ」

禅問答のようで何を言っているのか理解しがたいかもしれないが、要は物事はやってみなければわからないということである。外部の経営コンサルタントとして経営改革を実践していた立場から、ある日社長という立場になった途端に現場が離れていった経験は、どんな経営書よりも学びがあった。社長をやっていると従業員や顧客とのトラブル対応の日常で、落ち着いて戦略的な思考をする時間など待っていても訪れることはない。

私自身まだまだ経営者として勉強中ではあるが、そのような日々の中で経営を実践しつつ、経営学の勉強もしたからこそ、経営における一般教養と一般常識、あるいはクラフトに加えてアートやサイエンスを身につけることができたのだと思う。

これは経営のみならず、多くのことに当てはまるのではないだろうか。たとえば、心理学について詳しくなったからといって人間関係の達人になれるわけではない。経験に基づく一般常識があるからこそ、先人たちの経験や学者による研究が実践において意味のある一般教養として身につくのである。

何かに挑戦をするときに、まだ経験がないから、まだ基礎知識がないからと躊躇している暇があったら、すぐに実践に移ろう。現在は生成ＡＩに代表されるデジタル技術が普及したことによって、あらゆることがすぐに実践できる。そして、失敗したときのリスクもどんどん低くなっている。

かつては書籍を出版したければ編集者に連絡を取り、編集者が納得する企画を持ち込む必要があった。自費出版をするにしても、出版社に一定の金額を支払う必要があった。それが今では、キンドル本であれば誰でもすぐに出版することができる。企画のつくり方や文章の書き方の講座を受けるよりも、まずは1冊つくってみたほうが学びは大きいだろう。

そして、企画づくりから文章の執筆まで、生成ＡＩによって機能拡張することができる。機能拡張しながら1冊の本をつくってみれば、それが本当に好きかどうか、自分に向いているかどうかもわかる。

■すぐにできることから実行しよう

本を1冊書くと言うと大変そうに感じるかもしれないが、小さなことからすぐに機能拡張することができる。

たとえば、会食のお礼メールを取引先に送る場合、盛り込みたい内容を整理して生成ＡＩを使ってドラフトをつくることができる。ウェブ検索から文例を探してきて文案を作成するよりも独自性の高い文面ができあがるだろう。毎回同じようなメールを出すことなく、会食の中で挙がった具体的な話題を盛り込むことで、取引先の記憶にも残りやすくなるだろう。

あるいは、複数の部署が作成したエクセルファイルを集めて、手作業で集計しているとしよう。それらのファイルを順番に開いて集計するためのマクロを作成するなど生成ＡＩにとっては造作もないことだ。メール添付でファイルを集めているとしたら、アップロードするためのウェブ画面を作成して、集計までの流れをすべて自動化することもできる。

このように目の前の問題を解決するところから機能拡張を実装していくことで、一般教養や一般常識、言語化能力が蓄積され、自分で考えて生きることができるようになるのである。

2 自分らしさを拡張する

■自分にとってのもっともらしさを追求する

読者の中には、生成ＡＩこそが得意な一般教養を、なぜ人間が習得する必要があるのか疑問に持つ人がいるのではないだろうか。結論から言うと、一般教養を持たないことには独自性が生まれないからである。別の言い方をすると、自分を型にはめ込むことで、型には収まらない部分が表出するのである。

これはたとえるならば、舞台役者が役になり切るための役づくりに似ている。役づくりをする際には、台詞を覚えるだけでなく、脚本家と会話をしたり、舞台の歴史的背景について勉強したりする。また、自分自身で想像力を働かせて、必ずしも脚本には明記されていない家族構成や社会的地位などを設定することもある。

このように役づくりをすると、程度の差こそあれ、役が役者自身に同化してくる。役者によっては舞台が終わってもプライベートでの言動に影響を与え続ける人もいるそうだ。

では、同じ役を演じる役者が3人いた場合、同じように役づくりをしたら、全く同じ演技ができるのだろうか。もちろん、それが全く異なる演技になってしまったら問題になってしまう。しかし、どれだけ同じように役づくりをしても、わずかな違いが生じるものであり、それこそが自分らしさ、あるいは個性なのである。

現代は個性の重要性が叫ばれて久しいが、個性とは人と違うことをしようと、あえて奇をてらった行動を起こすことではない。**日常を送る中で、自分で考えることで生じる人との差が個性なのである。**

■機能拡張は機能の置き換えではない

大事な点なのでもう1つ例を挙げよう。

漫才師の島田紳助氏は『自己プロデュース力』（2009）の中で、相方を決めて漫才を始める前に、多数の先輩漫才師の漫才を書き起こして、ウケる漫才の要素を分析した「漫才の教科書」をつくったと語っている。また、先輩漫才師の漫才をパクったのではなく、システムを真似したのだとも言っている。

漫才を聞いて、それをすべて文字起こししてから分析するというのは途方もない作業だが、好き勝手に漫才を始めるよりも、漫才界における一般教養を形式知化したということだろう。

仮に島田氏がこの教科書づくりのプロセスに生成ＡＩを用いたならば、より多くの漫才を基にした教科書を作成できただろう。また、書き起こした文字情報のみならず、話すスピードや声のトーン、あるいは観客のウケ

図 6-1　機能の置き換えではなく、機能の拡張

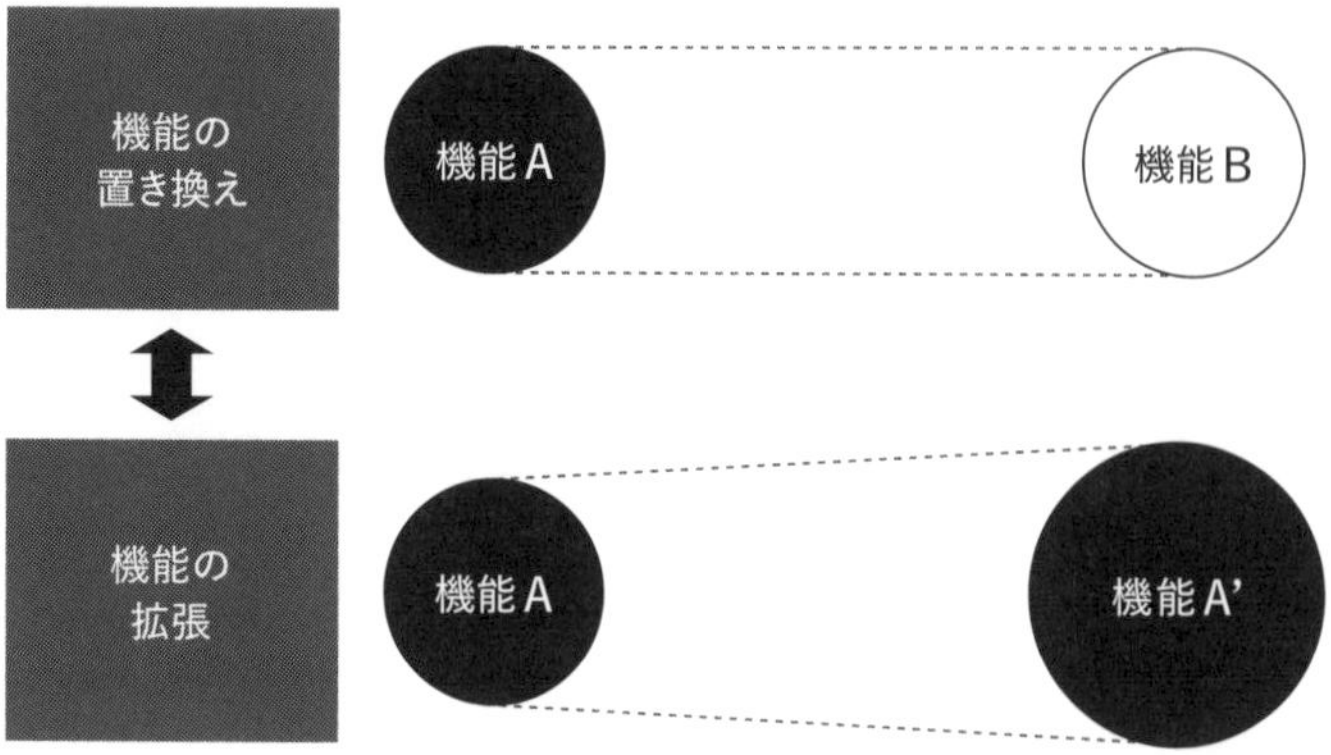

方との相関分析などを組み合わせて、より精度の高い教科書をすぐにつくれた可能性が高い。

その教科書を基にして島田氏が漫才を始めていたら、教科書づくりに膨大な時間を費やすことなく、より島田氏の個性を引き出した漫才をつくれていただろう。要は、前ページ図で示したように、**機能拡張とは機能の置き換えではなく、もともと持っている機能の拡張なのである。**

■差別化するための専門性（T字の縦）は勝手にできてくる

前述のとおり、これからの時代にはT字型人間は横棒からつくるべきだが、機能拡張を繰り返していけば、専門性である縦棒は勝手にできてくる。そして、その縦棒は必ずしも既存の枠組みである自動車業界や製薬業界のような業界である必要も、会計士や弁護士のような領域である必要もない。

では、すでに特定の業界や領域における専門性を有している人たちはどうすれば良いのだろうか。そのような人たちは、現在の専門性を捨てるのではなく、それらを機能拡張によって再表現すれば良いのである。

たとえば、アニメ業界に専門性を持つ人がＩＴ業界のノウハウを活用すれば、日本の製作委員会にとらわれることなく、海外でローカライズしたアニメを生成して、世界中のプラットフォーム上で展開できるかもしれない。アニメのキャラクターも世界中でオープン開発してＮＦＴ化すれば、新たな収益化の方法も考えられるだろう。

あるいは、過去に流行ったアニメを今風にリメイクして、世界中のプラットフォームで配信することもできるだろう。新たなものを無理に生み出さなくても、日本には再利用可能な価値の高いコンテンツが山ほど存在している。

イノベーションというと、「創造的破壊」や「ディスラプション」という言葉が使われることが多いが、**今必要なのは、すでにあるものを機能拡張によって再表現する「創造的統合」の考え方なのである。**

終章／まとめ

- 目の前の問題を解決するときに機能拡張を実装しよう。

- 機能拡張を実装することで、一般教養や一般常識、言語化能力を鍛えることができる。

- 機能拡張とは機能の置き換えではなく、もともと持っている機能の拡張である。

- 機能拡張を実装し続けることで、自分らしさや専門性は勝手にできてくる。

- 今必要なのは「創造的破壊」や「ディスラプション」ではなく、機能拡張によって既存のものを再表現する「創造的統合」である。

おわりに

■ＧＤＰを追いかける時代の終焉

持続可能なイノベーションを提案する英国のシンクタンクVolans社などの創業者であるジョン・エルキントン氏は、１９９４年に持続可能な企業評価の指針として、Profit（利益）、People（人間）、Planet（地球）から構成される「トリプルボトムライン（ＴＢＬ）」という考え方を提唱した。

その後、ＴＢＬ自体が本来の目的よりも矮小化された会計フレームワーク的な使われ方をされているということで、ＴＢＬを再考して発展させるべきだと２０１８年にエルキントン氏自身が主張した。また、同氏が２０２０年に上梓した『グリーンスワン―再生型資本主義の到来（筆者翻訳）』では、さまざまな技術の発展による持続可能な社会の実現やそれに伴う産業構造の変化に対応する必要があると述べている。

私たちはこれまでPeopleとPlanetを代償としてProfitの成長ばかりを追いかけてきた。その結果として、地球上には80億人が住んでいて、今後も１００億人近くまで増加すると予測されている。また、温暖化などの異常気象による被害が世界中で相次いでいる。

デジタル革命が起きる前の工業化時代には、働き手を増やし、環境を破壊してでもＧＤ

Ｐを伸ばすことが経済成長の宿命だと考えられていた。その結果としてＧＤＰ規模だけで見れば、20世紀に世界経済は飛躍的な成長を遂げた。しかし、デジタル革命によってその前提は変わりつつある。すでに存在しているインフラを破壊したり、地球を掘り起こしたりしなくても、すでに存在しているものをデジタル技術で再生させることができる。

日本は何年も形が変わっていないと揶揄されることがあるが、決して卑下することはない。建物自体は古いままかもしれないが、新たに再表現されて活気の戻った街はたくさん存在している。**古くなったものを破壊して新たにつくる「創造的破壊」は誰にでもできるが、古いものを組み合わせることで新しい価値を生む「創造的統合」は簡単に真似できることではない。**

■機能拡張を実装して人間らしさを取り戻そう

マハトマ・ガンジー氏の言葉に次のようなものがある。

「あなたがすることのほとんどは無意味であるが、それでもしなくてはならない。そうしたことをするのは、世界を変えるためではなく、世界によって自分が変えられないようにするためである」

本書でも述べたように、私たちの行動の多くはパーソナライズされたスマホからの通知やSNSに掲載される友人の行動によって大きく影響を受けている。その結果として私たちはキーワード化された消費行動を続けてしまう。

しかし、私たちが自らの意思で問いを立て、自ら判断することをやめなければ、無駄な消費行動に終止符を打つことができる。それればかりか、**生成AIによる機能拡張を実装できれば、私たちは人間らしさを取り戻すこともできる。**

ガンジー氏が持ち合わせていなかったテクノロジーを手にした私たちが、そのテクノロジーによって世界を変えるための第一歩を踏み出すどうか。その答えは私たちの手の中にある。

最後に本書の構想段階から多大なるご尽力をいただいた小早川幸一郎さんをはじめとするクロスメディア・パブリッシングの皆さん、ディスカッションに協力くださった著述家の細谷功さん、経営共創基盤の塩野誠さんと吉田篤洋さん、原稿へのコメントをくださったアイアンワークスの熊谷智弘さん、シンガポール国立大学修士課程の三﨑滉太さん、経営共創基盤の埜口忠祐さんに心より謝意を表したい。

主要参考文献

『Green Swans: The Coming Boom In Regenerative Capitalism（２０２０）』John Elkington著（Fast Company Press）
『Hooked: How to Build Habit-Forming Products（２０１４）』Nir Eyal著（Portfolio）
『この世界の問い方　普遍的な正義と資本主義の行方（２０２２）』大澤真幸著（朝日新聞出版）
『ネガティブ・ケイパビリティ　答えの出ない事態に耐える力（２０１７）』帚木蓬生著（朝日新聞出版）
『訂正する力（２０２３）』東浩紀著（朝日新書）
『物語 シンガポールの歴史（２０１３）』岩崎育夫著（中公新書）
『ウィトゲンシュタイン　論理哲学論考　シリーズ世界の思想（２０１９）』古田徹也著（角川選書）
『情報を正しく選択するための認知バイアス事典（２０２１）』情報文化研究所著（フォレスト出版）
『テクノロジーの世界経済史　ビル・ゲイツのパラドックス（２０２０）』カール・B・フレイ著（日経ＢＰ）
『「ぴえん」という病　ＳＮＳ世代の消費と承認（２０２１）』佐々木チワワ著（扶桑社）
『アイデアのつくり方（１９８８）』ジェームス・W・ヤング著（ＣＣＣメディアハウス）
『自己プロデュース力（２００９）』島田紳助著（ヨシモトブックス）
『知的複眼思考法　誰でも持っている創造力のスイッチ（２００２）』苅谷剛彦著（講談社）
『目的への抵抗（２０２３）』國分功一郎著（新潮新書）
『新実存主義（２０２０）』マルクス・ガブリエル著（岩波新書）
『世界標準の経営理論（２０１９）』入山章栄著（ダイヤモンド社）
『社会的共通資本（２０００）』宇沢弘文著（岩波新書）
『生徒指導提要―令和4年12月―（２０２３）』文部科学省著（東洋館出版社）
『日本の難点（２０１４）』宮台真司著（幻冬舎）
『論理的思考力を鍛える33の思考実験（２０１７）』北村良子著（彩図社）
『ＤＸの思考法　日本経済復活への最強戦略（２０２１）』西山圭太著（文藝春秋）
『デジタル・フロンティア　米中に日本企業が勝つための「東南アジア発・新しいＤＸ戦略」（２０２３）』坂田幸樹著（ＰＨＰ研究所）

［著者略歴］
坂田幸樹（さかた・こうき）
株式会社経営共創基盤（IGPI）共同経営者（パートナー）、IGPIシンガポール取締役CEO
早稲田大学政治経済学部卒、IEビジネススクール経営学修士（MBA）、ITストラテジスト。大学卒業後、キャップジェミニ・アーンスト＆ヤングに勤務し、日本コカ・コーラを経て、創業期のリヴァンプに入社。アパレル企業、ファストフードチェーン、システム会社などへのハンズオン支援に従事。その後、支援先のシステム会社にリヴァンプから転籍して代表取締役に就任。退任後、経営共創基盤（IGPI）に入社。2013年にIGPIシンガポールを立ち上げるためシンガポールに拠点を移す。現在は3拠点、8国籍のチームで日本企業や現地企業、政府機関向けのプロジェクトに従事。

機《き》能《のう》拡《かく》張《ちょう》

2024年3月1日　初版発行

著　者　坂田幸樹

発行者　小早川幸一郎

発　行　株式会社クロスメディア・パブリッシング
〒151-0051 東京都渋谷区千駄ヶ谷4-20-3 東栄神宮外苑ビル
https://www.cm-publishing.co.jp
◎本の内容に関するお問い合わせ先：TEL(03)5413-3140／FAX(03)5413-3141

発　売　株式会社インプレス
〒101-0051 東京都千代田区神田神保町一丁目105番地
◎乱丁本・落丁本などのお問い合わせ先：FAX(03)6837-5023
service@impress.co.jp
※古書店で購入されたものについてはお取り替えできません

印刷・製本　中央精版印刷株式会社

ISBN978-4-295-40945-8　C2034